O Mundo Religioso

Dados Internacionais de Catalogação na Publicação (CIP)
(Câmara Brasileira do Livro, SP, Brasil)

Berkenbrock, Volney J.
    O mundo religioso / Volney J. Berkenbrock. – Petrópolis, RJ : Vozes, 2019.

    Bibliografia.
    ISBN 978-85-326-6010-7

    1. Religiões 2. Religiões – História I. Título.

18-22348   CDD-200.9

Índices para catálogo sistemático:
1. Religiões : História   200.9

Cibele Maria Dias – Bibliotecária – CRB-8/9427

VOLNEY J. BERKENBROCK

O Mundo RELIGIOSO

EDITORA VOZES

Petrópolis

© 2019, Editora Vozes Ltda.
Rua Frei Luís, 100
25689-900 Petrópolis, RJ
www.vozes.com.br
Brasil

Todos os direitos reservados. Nenhuma parte desta obra poderá ser reproduzida ou transmitida por qualquer forma e/ou quaisquer meios (eletrônico ou mecânico, incluindo fotocópia e gravação) ou arquivada em qualquer sistema ou banco de dados sem permissão escrita da editora.

CONSELHO EDITORIAL

Diretor
Gilberto Gonçalves Garcia

Editores
Aline dos Santos Carneiro
Edrian Josué Pasini
Marilac Loraine Oleniki
Welder Lancieri Marchini

Conselheiros
Francisco Morás
Ludovico Garmus
Teobaldo Heidemann
Volney J. Berkenbrock

Secretário executivo
João Batista Kreuch

Editoração: Leonardo A.R.T. dos Santos
Diagramação: Sheilandre Desenv. Gráfico
Revisão gráfica: Nilton Braz da Rocha / Nivaldo S. Menezes
Capa: Renan Rivero

ISBN 978-85-326-6010-7

Editado conforme o novo acordo ortográfico.

Este livro foi composto e impresso pela Editora Vozes Ltda.

Dedicatória

A meu irmão Valberto (em memória), que me incentivou a escrever os textos aqui publicados.

Sumário

Apresentação, 13

1 A presença das religiões no mundo, 19
   As tradições religiosas e a humanidade, 19
   As quatro maiores tradições religiosas da humanidade, 20
   As menores tradições religiosas da humanidade, 21
   As três grandes tradições religiosas missionárias, 23
   O Islã: a religião que mais cresce, 24

2 A presença das religiões no Brasil, 26
   Quadro geral das religiões no país, 26
   O Cristianismo, 27
   O Catolicismo, 29
   Os Evangélicos, 30
   Os Evangélicos autônomos, 31
   O Islã, o Hinduísmo e o Budismo, 33
   As religiões afro-brasileiras, 34
   O Judaísmo, 35
   As religiões de tradições indígenas, 36

3 Conceitos em torno da religião, 38
   Religião e seita, 38
   O complexo conceito de religião, 39

4 Hipóteses sobre a origem da palavra "religião", 41

    1ª hipótese, 41

    2ª hipótese, 42

    3ª hipótese, 43

5 As teorias sobre a origem da religião, 45

    A pergunta pela origem das religiões, 45

    As teorias evolucionistas, 46

    As teorias da psicologia, 48

    As teorias da sociologia, 49

    As teorias da antropologia, 50

    As teorias da fenomenologia, 51

6 Escritos sagrados nas religiões, 53

    Religiões e escritos sagrados, 53

    Os escritos sagrados no Hinduísmo, 54

    O Bhagavad Gita, 56

    Os escritos no Budismo, 57

    O Dhammapada, 58

    Os escritos no Confucionismo, 59

    Os Analectos, 61

    Os escritos no Taoismo, 62

    O Tao Te Ching, 63

    Os escritos sagrados no Judaísmo, 64

    A Torá, 66

    Os escritos sagrados no Cristianismo, 67

    Os evangelhos, 68

    Os escritos sagrados do Islã, 70

    O Alcorão, 71

    Os escritos do Espiritismo, 72

    O Livro dos Espíritos, 73

    Os escritos sagrados do Santo Daime: o Hinário do Mestre Irineu, 75

    Os textos sagrados mais difundidos do mundo, 76

7 As religiões e a tradição oral, 78
   As religiões de tradição oral, 78
   As religiões de tradição oral no Brasil, 79
   O Candomblé, 81
   A Umbanda, 82
   A Umbanda e suas narrativas, 83

8 Os fundadores de religiões, 85
   Fundadores de religiões, 85
   Akhenaton, 87
   Os patriarcas do Judaísmo, 88
   Moisés, 89
   Zaratustra, 90
   A experiência de Zaratustra, 92
   Lao Tse, 93
   A proposta de Lao Tse, 94
   Confúcio, 95
   A herança de Confúcio, 97
   Siddhartha Gautama, 98
   Siddhartha Gautama, o Buda, 100
   Jesus, 101
   Jesus, o Cristo, 102
   Mani, 104
   A proposta dualista de Mani, 105
   Mohammed, 106
   Mohammed, o exemplo, 108
   Guru Nanak, 109
   Guru Nanak e o diálogo inter-religioso, 110
   Allan Kardec, 112
   Allan Kardec, o codificador, 113
   Mestre Irineu, 114
   Mestre Irineu e a Rainha da Floresta, 116

Zélio de Moraes, 117

Zélio de Moraes e o Caboclo Sete Encruzilhadas, 118

9 Os sistemas religiosos e suas subdivisões, 120
   As subdivisões nas religiões, 120
   A pluralidade de Igrejas no início do Cristianismo, 121
   A Igreja persa: a primeira divisão no Cristianismo, 123
   A primeira divisão doutrinal no Cristianismo, 124
   A grande divisão no Cristianismo: ortodoxos e romanos, 125
   A divisão no Cristianismo ocidental: católicos e protestantes, 127
   O surgimento da Igreja Anglicana, 128
   O surgimento das Igrejas Presbiterianas, 129
   As divisões no Islã, 130
   Os sunitas, 132
   Os xiitas, 133
   As subdivisões no Budismo: as duas grandes correntes religiosas, 134
   O Budismo Theravada, 136
   O Budismo Mahayana, 137
   O Budismo Vajrayana, 139
   O Zen-budismo, 140
   O Budismo Tibetano, 141
   As subdivisões do Hinduísmo, 143
   O Vishnuísmo, 144
   O Shivaísmo, 145
   O Shaktismo, 147
   O Jainismo, 148

10 As religiões e seus deuses, 150
   Os deuses e deusas nas religiões, 150
   A origem da palavra "Deus", 152
   O Deus Javé, 153
   O Deus uno e trino, 154
   O Deus Alá, 156

Os deuses Brahma, Vishnu e Shiva, 157
Os deuses Krishna, Ganesha, Lakshmi e Kali, 158
O Deus Olorum, 160

11 As religiões e o calendário, 162
Ano-Novo: as religiões e os calendários, 162
A Festa do Natal, 164
O nascimento de Jesus e o nascimento do Natal, 165
O Ano-Novo, 166
A Páscoa, 168
O nascimento da festa cristã da Páscoa, 169

Indicações bibliográficas, 171

Apresentação

O mundo religioso é uma riqueza imensa na humanidade. Riqueza cultural, riqueza de ideias, riqueza de artes, riqueza de mitos, riqueza de imaginários, riqueza de comunidades, riqueza de tradições. Esta é uma forma de olhar as religiões: como o maior conjunto existente de ideias a respeito de compreensões sobre o ser humano, sobre a existência, sobre a vida individual e comunitária, sobre a origem e o destino, sobre a vida feliz e a infelicidade, sobre ideais e virtudes, sobre limites e misérias humanas; enfim, em nenhum outro campo do conhecimento humano há tantas compreensões quanto as acumuladas pelas tradições religiosas.

Claro que também é possível ver as religiões como grupos de interesses, como instituições que causaram impactos negativos para a humanidade, como espaços de patologias humanas e sociais, como organizações opressoras e exploradoras. Tudo isso de negativo – e muito mais – pode sem dúvida ser percebido nas religiões e nos seres humanos que as compõem.

Isso não tira, entretanto, o brilhantismo do mundo religioso em pensar e buscar sentido para o enigma humano, para o enigma da existência do todo. A realidade das mazelas religiosas não tira das religiões a imensidão de significados positivos que elas carregam consigo.

Mas também é possível um olhar sobre as religiões a partir do ponto de vista da curiosidade sobre suas compreensões, seus elementos históricos, suas organizações, seus escritos, seus fundadores etc. Este é o propósito desta obra: proporcionar a leitores conhecimentos básicos sobre o mundo religioso. Sem preconceitos, sem a pretensão de defender esta ou aquela tradição, sem qualquer pretensão de destacar alguma religião em detrimento de outra, com a consciência de que nenhum tema será tratado exaustivamente.

O propósito desta obra é proporcionar aos leitores e leitoras conhecimentos amplos sobre o rico universo das religiões. A estrutura da obra foi construída não a partir dos grupos religiosos, mas a partir do fenômeno religioso e de como o mundo das religiões pode ser visto sob pontos de vista diversificados. Assim, a obra está dividida em 11 grupos temáticos:

1 A presença das religiões no mundo

Este grupo temático tem como objetivo apresentar os maiores grupos religiosos da humanidade, onde estão presentes, as tradições menores e sua presença, como algumas características marcantes de algumas tradições.

2 A presença das religiões no Brasil

O conjunto de textos deste grupo temático irá mostrar a presença da religião no Brasil. Quais são os grupos religiosos mais representativos no país, quais os grupos com menor incidência e como – em diversos casos – determinados grupos vieram parar em nossa realidade.

3 Conceitos em torno da religião

O terceiro bloco de temas é mais teórico. Os textos irão refletir sobre o conceito de religião e fazer algumas diferenciações.

4 Hipóteses sobre a origem da palavra "religião"

O quarto bloco se dedicará a uma pergunta específica: Qual a origem da palavra "religião"? As hipóteses são diversas e os textos irão refletir sobre cada uma delas.

5 As teorias sobre a origem da religião

A exemplo do bloco anterior, este também irá se dedicar a refletir sobre uma questão, a saber, a pergunta sobre a origem da religião. Há, nesse particular, uma grande diversidade de teorias que tentam responder a essa pergunta e essas respostas serão aqui apresentadas.

6 Escritos sagrados nas religiões

O seguinte bloco temático, sexto, irá se dedicar a um fenômeno presente em muitas religiões: a existência de escritos sagrados ou fundantes. Serão apresentados os conjuntos sagrados de diversas religiões e de cada uma dessas um escrito irá receber um destaque especial.

7 As religiões e a tradição oral

Há também religiões que não possuem escritos sagrados, nas quais a religião é mantida e transmitida pela tradição oral. Esse fenômeno e essas religiões de tradição oral serão aqui apresentadas.

8 Os fundadores de religiões

Quem fundou as religiões? A essa temática irá se dedicar o oitavo bloco de textos. Serão apresentadas muitas figuras fundadoras de tradições religiosas, bem como o principal conjunto de experiências que marcou essas pessoas.

9 Os sistemas religiosos e suas subdivisões

Muitos sistemas religiosos da humanidade conhecem o fenômeno das subdivisões ocorridas ao longo do tempo. A esse assunto se dedica este bloco, apresentando as principais subdivisões dentro dos sistemas religiosos, seu surgimento e características.

10 As religiões e seus deuses

Um elemento comum a muitas tradições religiosas é a crença em um ou mais deuses. Essa é a temática do décimo bloco da obra: apresentar os deuses e as compreensões a seu respeito em diversas tradições religiosas.

11 As religiões e o calendário

As religiões marcaram profundamente a organização do tempo na história. O último bloco de textos da obra irá abordar a relação das religiões com a organização de datas específicas do calendário.

Com esses 11 blocos temáticos se espera poder oferecer ao leitor uma apresentação básica do mundo religioso. Cada subtema dentro do bloco temático é abordado a partir de textos curtos, com linguagem clara e com uma proposta de informação cultural. Aos que desejarem se aprofundar nas temáticas abordadas na obra, há no final deste livro uma lista de referências bibliográficas como sugestão de aprofundamento na temática.

Espera-se assim poder oferecer a quem ler esta obra elementos que respondam a uma série de perguntas, mas, ao mesmo tempo, aumentar a curiosidade e a vontade de aprender mais sobre o mundo religioso.

1
A presença das religiões no mundo

As tradições religiosas e a humanidade

Quantas religiões existem atualmente no mundo? É uma pergunta que não se pode responder tão facilmente, de um lado por não ser tão claro o que se entende por religião e, de outro, por não haver uma organização mundial que faça algum recenseamento religioso. Mas, se entendermos por religião um grupo de fiéis que tenha compreensões e referências em comum, podemos chamar isso de uma tradição religiosa. Assim, se falarmos de tradições religiosas, dentro das quais pode haver muitas diferenças, mas que tenham elementos básicos em comum, é possível fazer uma estimativa das grandes tradições religiosas da humanidade, bem como estimar seu número de adeptos. Assim, o maior grupo religioso do mundo atualmente é o Cristianismo. O Cristianismo agrega cerca de 2 bilhões de pessoas, subdivididos em muitas Igrejas. Mesmo havendo diferenças, por exemplo, entre a Igreja

Católica, a Igreja Batista, a Igreja Assembleia de Deus, a Igreja Universal do Reino de Deus etc., todas elas são contadas como pertencentes ao Cristianismo. Com 2 bilhões de adeptos, o Cristianismo é a religião de cerca de um terço (33%) da humanidade. A segunda tradição religiosa que mais congrega pessoas é o Islã (ou Islamismo), com cerca de 1,3 bilhão de fiéis, ou seja, cerca de 22% da população do planeta. Dentro do Islã também existem diversas subdivisões, sendo o grupo Sunita o que mais congrega adeptos. A terceira tradição religiosa que mais congrega fiéis no mundo é o chamado Hinduísmo, dentro do qual existem subdivisões bastante acentuadas. Cerca de 900 milhões de pessoas são adeptas de alguma tradição considerada hinduísta (15% da população da terra). A quarta maior tradição religiosa em número de adeptos é o Budismo, com cerca de 360 milhões de fiéis (mais ou menos 6% da população mundial) em suas diversas subdivisões. Somando-se as quatro tradições religiosas (Cristianismo, Islã, Hinduísmo e Budismo), chegamos a 76%. Ou seja, de cada 4 habitantes do planeta, em média mais de 3 pertencem a uma dessas quatro religiões.

As quatro maiores tradições religiosas da humanidade

As quatro maiores tradições religiosas da humanidade em número de fiéis atualmente são o Cristianismo (33%), o Islã (22%), o Hinduísmo (15%) e o Budismo (6%), representando 76% da população do mundo. E os outros 24% da humanidade? A maior parte desse percentual que não pertence a um dos quatro maiores grupos religiosos do mundo é composta por pessoas não religiosas. O número de pessoas que não pertencem a nenhuma religião é estimado atualmente em 15% da população mundial. Trata-se de um contingente bastante significativo. Se os adeptos de uma determinada tradição têm diversas coisas em comum, o mesmo não se pode dizer do contingente dos sem-religião: eles não têm nenhuma organização em comum, nenhuma compreensão de ideias em comum, nenhuma estrutura social ou cultural em comum, nenhuma proposta ética ou de comportamento em comum. Não há, pois, entre eles elementos que os tornem membros de um grupo. Assim, no máximo, se pode classificar o grupo dos sem-religião em tipos diferentes. Grosso modo, é possível falar de três tipos. Num tipo poderíamos classificar os chamados agnósticos, ou seja, aqueles que entendem não haver razão suficiente para se crer em algo religioso (de qualquer tipo); ou seja, os que entendem que não há fundamento racional para se ter fé em alguma coisa que vá além de nossa realidade. Um segundo grupo de sem-religião é formado por aqueles que aderem a formas seculares de sentido, ou seja, entendem que há um sentido para o todo, mas este não é religioso. Essa compreensão secular de sentido seria uma espécie substitutiva para a religião. Um terceiro tipo é formado por aqueles que se classificam como ateus. A palavra "ateu" quer dizer literalmente sem-Deus, mas há pelo menos três tipos de ateísmo: aqueles que negam a existência de Deus (ou seja, creem que Deus não existe, mas isso não deixa de ser um tipo de crença); aqueles que se reconhecem como ateus, mas entendem isso como não pertencer a nenhuma instituição religiosa (ou seja, têm alguma forma de sentido da vida, mas não frequentam qualquer grupo religioso) e aqueles para os quais a existência (ou não) de Deus não representa qualquer questão (vivem sem se perguntar isso).

As menores tradições religiosas da humanidade

Os grandes blocos de tradições religiosas do mundo (Budismo, Cristianismo, Hinduísmo e Islã) reúnem em torno de 76% da população do mundo. Somando-se a isso o grupo calculado em 15% dos que não seguem nenhuma religião, temos nesses cinco grupos 91% da população do mundo. O que dizer dos outros 9% restantes? Não há nenhuma estatística mundial exata sobre isso, mas nesse percentual restante temos quatro grupos que podem receber um destaque maior: o Confucionismo, o Judaísmo, o Taoismo e o Xintoísmo. Trata-se de tradições religiosas ligadas fortemente a uma determinada cultura ou povo. Assim o Confucionismo e o Taoismo são tradições religiosas da China. Eles agregam um número relativamente grande de pessoas, por ser a China um país muito populoso. Por outro lado, não se pode dizer que sejam tradições religiosas muito unificadas em termos de doutrina, de instituição religiosa ou de estrutura de funcionamento. Mesmo estando presentes em outros países (inclusive no Brasil), sobretudo graças à migração de chineses para cá, elas continuam se concentrando basicamente na China e o número de adeptos fora de lá é bastante pequeno. A tradição do Xintoísmo é ligada ao Japão. Por muito tempo foi inclusive a religião oficial daquele país, ligada especialmente ao imperador e à identidade japonesa. Com a entrada do Budismo no Japão – há quase dois mil anos – as duas tradições religiosas tiveram períodos de boa convivência e outros de tensões. Atualmente o Xintoísmo não é mais a religião oficial do Japão, mas continua tendo nesse país o seu grande número de adeptos. Fora do Japão, a religião sobrevive quase que exclusivamente em grupos de japoneses que emigraram – como é o caso do Brasil –, mas seu número de adeptos é quase inexpressivo nesses outros países. Já o Judaísmo é uma religião ligada a um povo, a uma cultura, mas não necessariamente a um país. Atualmente existe o Estado de Israel, ligado ao Judaísmo, país fundado em 1948, sendo algo recente na história em comparação com a tradição religiosa, que é muito antiga e conta com mais de 3 mil anos. O Judaísmo existe espalhado por todo o mundo e sobrevive há séculos e séculos ligado a um povo (os judeus) e não a um país ou região.

As três grandes tradições religiosas missionárias

Algumas tradições religiosas se expandiram pelo mundo todo e se encontram hoje com grande presença em praticamente todos os continentes. Por que algumas religiões alcançaram uma enorme expansão tanto territorial como em número de fiéis e outras não? Entre as que tiveram grande expansão estão o Budismo, o Cristianismo e o Islã. Seriam essas religiões mais fortes? Seriam mais bem organizadas? Seriam seus fiéis mais convictos? Teriam elas uma melhor proposta de vida? Seriam elas mais verdadeiras do que as outras? Seriam elas religiões mais avançadas ou desenvolvidas do que as outras? Não acho que tenha sido um desses fatores algo tão decisivo para o seu crescimento e expansão pelo mundo. O que essas três religiões têm em comum, e foi certamente um fator decisivo na expansão, diz respeito muito mais ao seu método do que ao seu conteúdo religioso: Budismo, Cristianismo e Islã são religiões missionárias. Ou seja, faz parte da identidade dessas religiões o esforço pela própria expansão, o anúncio aos outros de sua forma de vida e de sua doutrina. Elas fazem missão. Enquanto centenas – quem sabe até milhares – de tradições religiosas ficaram presas à sua cultura e povo de origem, essas três tradições religiosas não estão ligadas necessariamente a alguma cultura ou povo. Mesmo conservando traços culturais de suas origens, religiões missionárias conseguem se adaptar a situações, culturas, povos diferentes. O Budismo, a mais antiga religião claramente missionária que temos hoje, nasceu na Índia, mas hoje sua grande concentração de fiéis não mais se encontra nesse país. Também o Cristianismo, nascido no atual Estado de Israel, tem hoje seus centros mais importantes fora de seu lugar de origem. O Islã nasceu na atual Arábia Saudita e até hoje tem ali – na cidade de Meca – seu principal centro. Mas não é nenhum país árabe que tem a maior população de muçulmanos, mas sim a longínqua Indonésia.

O islã: a religião que mais cresce

O mapa da presença das religiões no mundo é muito dinâmico. As religiões se movimentam pelo mundo e expandem sua presença especialmente por dois fatores: migração ou missão. A facilidade de deslocamento no mundo globalizado foi também espalhando as múltiplas religiões pelo globo terrestre. Nesse processo dinâmico da presença de religiões no mundo, as religiões que mais crescem são aquelas que têm um caráter missionário. Mas qual religião mais cresce no mundo? A religião que mais cresce em número de fiéis é – de longe – o Islã. Seu crescimento é fenomenal, tendo nos últimos 50 anos mais do que triplicado o número de adeptos. Saindo de cerca de 400 milhões de fiéis na década de 1960, o Islã chega hoje a mais de 1,3 bilhão de seguidores. Seu crescimento se dá especialmente na Ásia e na África. Na Ásia, a forte presença do Islã se dá não apenas nos países do Oriente Médio, mas é também a principal religião em uma série de repúblicas que se tornaram independentes com o fim da União Soviética e igualmente a principal religião de diversos países do Sudeste Asiático, como, por exemplo, a Malásia (61%), Bangladesh (86%) e a Indonésia (o maior país muçulmano do mundo, onde 87% da população é muçulmana). Já no continente africano, o Islã deixou há muito de ser a religião apenas do Norte do continente, tendo há mais de 200 anos já penetrado nos países ao Sul do Deserto do Saara. Quando do tráfico de escravos africanos ao Brasil, para cá foram trazidos também muçulmanos nos séculos XVIII e XIX, são pessoas que foram escravizadas nos territórios que atualmente são a Nigéria e o Benim. Esse crescimento vertiginoso do Islã deve-se por um lado ao seu esforço missionário, mas no que diz respeito à África e Ásia, o aumento de adeptos também é impulsionado pelas altas taxas de natalidade em muitos desses países. Na Europa, o Islã também começa a ter uma presença já significativa, para ali levado principalmente pelos migrantes. Já no continente americano, a presença muçulmana não é ainda tão significativa.

2
A presença das religiões no Brasil

Quadro geral das religiões no país

Como se compõe o mundo religioso brasileiro? Quantas religiões existem neste país continental atualmente? Essa segunda pergunta é muito difícil de ser respondida. Em nosso país estão presentes tradições religiosas remanescentes dos tempos antes da chegada dos portugueses (as chamadas religiões indígenas), a tradição cristã trazida especialmente no processo de colonização, bem como hoje tradições religiosas do mundo inteiro, dado o fato de ser o Brasil um país de imigrantes de todos os continentes. Temos aqui, disso tudo, uma diversidade quase incontável de religiões. Mas se formos compor um mapa numérico dos grupos religiosos no Brasil, iremos perceber que essa grande diversidade religiosa não é assim tão extensa em número de adeptos. A maioria esmagadora dos brasileiros pertence a uma única tradição religiosa: o Cristianismo. Os números dos fiéis de cada tradição religiosa são fornecidos no Brasil de 10 em 10 anos, quando o IBGE realiza o Censo Demográfico. Os resultados do censo dão uma boa visão tanto dos grupos religiosos como da mobilidade de seus fiéis. A mobilidade religiosa no Brasil, há diversas décadas, é bastante baixa se formos considerar a tradição religiosa: somos esmagadoramente um país cristão. No Censo Demográfico do ano 2000, um total de 91,53% dos brasileiros se declarou pertencer a alguma tradição religiosa cristã. Já no ano de 2010, esse percentual caiu para 90,79%, ou seja, uma variação menor do que 1% (considerando aqui o grupo dos espíritas como cristãos). Mesmo podendo discutir e contestar detalhes desses dados, talvez o nosso senso comum imaginaria ser essa mobilidade muito maior. Na verdade, a mobilidade religiosa é relativamente grande dentro do universo cristão, ou seja, a mobilidade de fiéis entre as diversas Igrejas cristãs, mas não de fiéis que deixem o Cristianismo e optem por outras tradições religiosas. Diante desses dados, a pergunta que logo aparece, é pelo segundo maior grupo religioso. Tanto no censo de 2000 (7,35%) quanto no de 2010 (8,04%), o segundo maior grupo classificado são os "sem-religião". Com exceção do Cristianismo, nenhum outro grupo religioso chega sequer perto de aglutinar 1% da população brasileira. Continuamos sendo, pois, um país de absoluta maioria cristã – pelo menos em termos numéricos!

O Cristianismo

Se observarmos o universo das religiões presentes no Brasil a partir dos números dos censos demográficos, não resta dúvida de que somos um país composto por absoluta maioria de cristãos. Mais de 90% da população se declara adepta de alguma comunidade cristã. Se isso leva a sermos um país onde são vividos os valores ensinados por Jesus Cristo, já é uma outra discussão, em cujo mérito não vou aqui entrar. Fato é, que a partir dos dados numéricos, a diversidade religiosa brasileira é muito mais uma diversidade intracristã do que uma diversidade de religiões. Mesmo que se possa pensar que há uma grande diferença religiosa entre as diversas comunidades cristãs, se olharmos com um pouco de neutralidade, as diferenças se mostram muito mais em aspectos organizativos e institucionais do que em aspectos de doutrina, de proposta de vida ou de tradição religiosa. Todas as comunidades cristãs têm em comum uma ampla base de princípios de fé, como por exemplo, a fé em Jesus Cristo, a compreensão de que ele é Filho de Deus, de que Deus é uno e trino (Pai, Filho e Espírito Santo); ou então a compreensão comum de uma proposta de vida ensinada por Jesus, onde o amor (a Deus e ao próximo como a si mesmo) é o maior mandamento e o serviço é o critério básico de distinção (o maior dentre vós é o que se coloca a serviço); e aceitam em comum os textos tidos como sagrados: a Bíblia, com algumas diferenças textuais, é aceita por todos como Palavra de Deus. Na forma de se organizar e conduzir as suas instituições é que temos maiores diferenças entre os diversos grupos cristãos. Grosso modo, podemos distinguir aqui três blocos: o grupo chamado de católico, o grupo chamado de evangélico (ou às vezes também chamado de protestante) e o grupo chamado de espírita. Cada um desses grupos tem suas subdivisões: no grupo católico temos a Igreja Católica Apostólica Romana e Igreja Católica Apostólica Brasileira; no grupo evangélico temos muitas subdivisões onde há Igrejas classificadas como "protestantes históricas" e outras classificadas como "pentecostais". Os grupos espíritas são também muito diversificados e há quem conteste que sejam classificados como cristãos. Mas a fé em Jesus Cristo é, assim me parece, comum a todos os grupos espíritas, o que nos leva, pois, a classificá-los na tradição cristã, independentemente de como Jesus Cristo seja ali entendido – dado que nenhum grupo cristão pode se achar no direito de ser o único que pode interpretar Jesus Cristo.

O Catolicismo

A comunidade religiosa a que o maior grupo de brasileiros se declarou adepta no último Censo (2010) foi a Igreja Católica Apostólica Romana, com 64,63% da população, o que soma mais de 125 milhões dos cerca de 200 milhões de brasileiros. Embora tenha tido um decréscimo percentual constante nos últimos censos, a comunidade católica romana é de longe a maior comunidade religiosa do Brasil, sendo dez vezes maior do que a segunda maior comunidade cristã (a Assembleia de Deus, com 6,46% da população). O Catolicismo tem uma longa tradição no país, tendo sido a religião oficial do Brasil desde a chegada dos portugueses no ano de 1500 até a Proclamação da República em 1889. O Catolicismo presente no Brasil não é uma tradição unitária e se poderia falar em catolicismos, pois ele se apresenta em diversas faces. Há um Catolicismo institucional, ligado à estrutura da Igreja Católica, com seu ano litúrgico oficial, suas paróquias e dioceses, seus bispos, sacerdotes, religiosos e religiosas. Há uma outra face do Catolicismo que é o devocional, com suas procissões e novenas, promessas e capelinhas, terços e bênçãos. Nessa face, a devoção aos santos ocupa um lugar muito importante. Há também um Catolicismo ligado a movimentos leigos; no passado, ligado mais fortemente a irmandades e ordens terceiras; hoje, a movimentos específicos como de casais ou de grupos de oração. Há também um Catolicismo mais experiencial, midiático e carismático, uma face que tem crescido nas últimas décadas. Também não se poderia deixar de notar uma outra face do Catolicismo ligada a instituições de ação na sociedade, atuante principalmente nas áreas da educação, da saúde e da assistência social. A tradição católica coordena uma rede de milhares de instituições nessa linha. Há também – o que não deixa de ser curioso – um grupo dentro da tradição religiosa católica que se autodenomina como "católico não praticante". Todas essas faces do Catolicismo convivem com maior ou menor afinidade. Essa grande diversificação do Catolicismo também o torna uma tradição bastante dinâmica, por isso o decréscimo do número geral de adeptos do Catolicismo não significa necessariamente uma diminuição de todas as faces do Catolicismo. Em algumas há diminuição, enquanto outros grupos católicos experimentam forte crescimento.

Os Evangélicos

No último Censo Demográfico do Brasil (2010), o segundo maior grupo religioso – depois do católico – é o chamado Evangélico. Sob essa nomenclatura está classificado um grupo muito grande de Igrejas, com origens distintas e acentuadas diferenças entre si. Para se poder diferenciar esse grupo de Igrejas chamadas de Evangélicas, talvez seja útil fazer algumas distinções. Há um grupo chamado de Evangélicas históricas. Dentre elas temos as Igrejas Evangélicas Luteranas, as Igrejas Presbiterianas, as Metodistas, as Batistas etc. Em termos de número de adeptos, a maior delas é o grupo de Igrejas Batistas, com perto de 4 milhões de fiéis. Um segundo grupo de Igrejas classificadas como Evangélicas são as Igrejas Pentecostais. Historicamente essas Igrejas são mais recentes, mas reúnem – somadas – uma parcela relativamente grande da população: algo em torno de 27 milhões de pessoas. Entre as Igrejas Pentecostais, a que reúne o maior número de fiéis é a Assembleia de Deus, com cerca de 13 milhões de adeptos. A segunda maior delas é a Congregação Cristã do Brasil, que reúne algo próximo a 2,5 milhões de fiéis. Essas duas Igrejas são também as mais antigas entre as pentecostais no Brasil: foram fundadas em 1910 (Congregação Cristã) e 1911 (Assembleia de Deus). O resultado do censo sobre o mundo de Igrejas Evangélicas que mais chamou a atenção, no entanto, foi o de um grupo classificado como "Evangélico não determinado", que totalizou mais de 9 milhões de pessoas. O que esse número esconde ou revela? Difícil de dizer, mas há aqui três fatores igualmente interessantes de análise. Por um lado o surgimento do "evangélico genérico", ou seja, uma parcela da população que culturalmente se reconhece como evangélica, mas não com aderência necessária a uma determinada Igreja. Um segundo fator é o surgimento do "evangélico não praticante". Esse fenômeno era restrito quase que exclusivamente ao mundo católico. Com o crescimento de uma cultura evangélica, aparece também os que se identificam culturalmente como evangélicos, mas isso não se traduz necessariamente em engajamento eclesial. Um terceiro fator que está escondido nesse número são os fiéis das inúmeras Igrejas de segmento: fragmentados em centenas de pequenas Igrejas locais, de um público segmentado e a ele restrito.

Os Evangélicos autônomos

Ao se observar os dados do Censo Demográfico (2010) sobre as Igrejas chamadas coletivamente de evangélicas, um elemento que chama a atenção é um número bastante grande de fiéis que pertencem a um mundo evangélico muito disperso. Há certamente aqueles que se reconhecem como evangélicos no censo, mas não mais frequentam alguma Igreja evangélica ou que frequentaram e deixaram de frequentar. Mas o grupo que certamente mais chama a atenção para os estudiosos do assunto é o surgimento de um número muito grande de Igrejas evangélicas que não estão ligadas a nenhuma tradição. São Igrejas totalmente autônomas e têm talvez somente dois elementos em comum: 1º) Igrejas pequenas, localizadas e adaptadas. Trata-se de muitas Igrejas, muitíssimas mesmo, mas que geralmente estão presentes em poucos locais. Fundadas por alguma liderança carismática, são impulsionadas e dirigidas por essa liderança. Por não terem muitos adeptos e estarem presentes somente no local de fundação (com alguma expansão), elas se mostram otimamente adaptadas à sua realidade. Elas falam a língua dos seus fiéis. Enquanto grandes Igrejas têm dificuldade de ter um modo de ser (linguagem, celebração, organização) que seja bem acolhido por todos os fiéis, essas Igrejas locais não têm essa barreira: estão naturalmente adaptadas ao seu meio, pois ali nasceram e se desenvolveram. 2º) Igrejas de segmento. Muitas dessas novas Igrejas são fundadas e voltadas para um determinado segmento de fiéis. Esta seja talvez a maior novidade no grande número de novas Igrejas: Igrejas de segmento, quer dizer, Igrejas que se dirigem não a toda a população, mas a um determinado segmento da população. Alguns exemplos: temos Igrejas voltadas para a população carcerária, ex-carcerária e seu conjunto (família, amigos). Toda a sua linguagem e missão, bem como os seus membros são desse contexto. E é nesse contexto que ela cresce e se divulga. Outro exemplo são Igrejas voltadas para o público LGBT. Esse público, geralmente discriminado e rejeitado por muitas Igrejas cristãs, encontra aqui não só acolhimento ou tolerância. Mais do que isso, trata-se de Igrejas voltadas para a sua realidade. Um terceiro exemplo são Igrejas voltadas para o público adolescente/jovem. A linguagem, o espaço, a forma de celebrar têm a marca dessa faixa etária e é nela que essas Igrejas vão encontrar os seus fiéis. As chamadas Igrejas de segmento, pequenas e voltadas para determinados públicos, juntas já somam no Brasil muitos milhões de fiéis.

O Islã, o Hinduísmo e o Budismo

As maiores tradições religiosas do mundo, com exceção do Cristianismo, estão presentes no Brasil em números bastante pequeno de fiéis. Os adeptos do Islã, do Hinduísmo e do Budismo, mesmo somados, não chegam a 400 mil pessoas (0,2% da população). Essas tradições vieram ao Brasil em condições e momentos bastante diferentes. A primeira delas a aqui chegar foi o Islã, trazido por africanos, traficados ao Brasil como escravos. Devido, porém, às condições de vida impostas aos escravos e à falta de liberdade religiosa na época, o Islã vindo ao Brasil pelos africanos escravizados pouco teve continuidade. A presença do Islã no Brasil atualmente deve-se, sobretudo, à imigração de libaneses, sírios e turcos, o que ocorreu especialmente a partir de 1860. É de se destacar que nem todos os imigrantes advindos desses países eram muçulmanos, mas boa parte das comunidades muçulmanas no Brasil se desenvolveu a partir dessa imigração. A segunda dessas grandes tradições religiosas mundiais que chegou ao Brasil foi o Budismo. Este vem ao país pela imigração de japoneses, que se dá a partir de 1908. Dos imigrantes japoneses, também só uma parte era composta de budistas. Inicialmente a religião não teve grande expansão e foi cultivada por parte dos imigrantes japoneses e seus descendentes. A partir sobretudo da década de 1990, no entanto, o Budismo conheceu no Brasil um crescimento relativamente grande, vindo a se instalar no país o Budismo de diversas tradições. Das grandes tradições religiosas do mundo, é o Budismo a que mais aqui se expandiu e hoje é composta majoritariamente por budistas brasileiros não necessariamente descendentes de famílias dessa tradição religiosa. Das grandes tradições religiosas do mundo, a última a chegar no Brasil foi o Hinduísmo. Este chega em meados da década de 1970, com o movimento conhecido como Hare Krishna. Esse grupo religioso, de tradição hinduísta, veio ao Brasil via Estados Unidos, onde se difundiu, a partir da década de 1960, especialmente entre jovens. Hoje temos presenças de outros grupos religiosos hinduístas no Brasil; mas, em termos de número de adeptos, a presença de tradições hinduístas no Brasil é ainda hoje bastante pequena.

As religiões afro-brasileiras

Na grande diversidade do mundo religioso brasileiro, além da presença de seguidores das grandes tradições mundiais, há presenças de religiões que para cá vieram junto com o tráfico de escravos africanos. Durante mais de 300 anos o Brasil recebeu diversos milhões de africanos escravizados. Estes trouxeram consigo não apenas a força de trabalho, mas também suas línguas, seus costumes, suas religiões. Essas religiões trazidas pelos escravos – devido especialmente às suas condições de vida – não puderam se estabelecer no Brasil como eram organizadas em seus locais de origem. Com diversas adaptações e influências, essas tradições são hoje conhecidas como religiões afro-brasileiras. Elas são muitas, mas duas delas se destacam por estarem presentes em quase todo o Brasil e terem um número considerável de fiéis: o Candomblé e a Umbanda. Segundo o Censo Demográfico do ano de 2010, as duas somam cerca de 600 mil fiéis, sendo a Umbanda a maior delas. O número de frequentadores dessas duas tradições é provavelmente muito maior por conta da dupla militância religiosa, uma realidade muito presente nesse contexto. Muitos fiéis dessas duas tradições frequentam também a Igreja Católica e ao serem perguntados no censo, pela pertença religiosa, optam por apontar o Catolicismo. O fenômeno da dupla militância religiosa – ou seja, o fato de alguma pessoa frequentar duas (ou mais) religiões, na situação concreta em nosso país o que acontece entre o Catolicismo e as religiões afro-brasileiras – tem origens diversas. No caso concreto se pode apontar tanto a questão histórica, isto é, de o Catolicismo ter sido a religião oficial do Brasil durante a colônia e o império, o que obrigava os escravos a frequentá-lo, mas sem renunciar às suas religiões tradicionais, quanto o fato de, para diversas dessas tradições religiosas advindas da África, a frequência concomitante com o Catolicismo não ser vista como contradição. O que para a instituição religiosa católica (e para as Igrejas cristãs de um modo geral) é visto como um problema sério (a dupla militância religiosa), para tradições como a Umbanda não é um problema.

O Judaísmo

O Judaísmo está presente no Brasil praticamente desde os tempos do início da colonização, embora sua presença tenha sido pouco notada naquele tempo. Os primeiros judeus chegaram ao Brasil de duas formas: 1) Vindo junto com os primeiros portugueses no empreendimento colonial. Portugal havia expulsado os mouros (muçulmanos) de suas terras em 1492. Entre os mouros viviam muitos judeus que ou fugiram de Portugal ou foram obrigados a se converter ao Cristianismo, sendo chamados de "cristãos novos". Diversos destes vieram ao Brasil participar da colonização em seus primórdios. Um deles ficou bastante conhecido e hoje é nome de um famoso arquipélago: Fernando de Noronha. Este era um judeu convertido ao Cristianismo e que participou da exploração de Pau-Brasil nestas terras. 2) O judeus vieram ao Brasil acompanhando João Maurício de Nassau, na ocupação holandesa do Nordeste Brasileiro (1624-1654). Após a saída dos holandeses, parte dos judeus voltou para a Europa, parte migrou para a América Central e do Norte e uma parte permaneceu no Brasil tornando-se também "cristãos novos". Há inclusive um dado histórico interessante daquela presença dos judeus no Brasil: a construção – em Recife – da primeira sinagoga das Américas. A maior migração de judeus ao Brasil ocorre, no entanto, a partir de 1840, quando houve por um lado uma política de incentivo à imigração por parte do Império de Dom Pedro II e, por outro lado, grande perseguição aos judeus na Rússia, Polônia, Lituânia, Romênia e Alemanha. Muitos judeus daqueles países, especialmente da Polônia, aportaram no Brasil. Ainda no contexto da Segunda Guerra Mundial (1939-1945), judeus imigraram ao país fugindo da perseguição nazista. E, ao final da guerra, quando dos esforços pela constituição do Estado de Israel, muitos judeus do Brasil apoiaram esse movimento. No Censo Demográfico realizado em 2010, mais de 100 mil indivíduos se declararam judeus, o que mostra ser a comunidade judaica brasileira relativamente grande.

As religiões de tradições indígenas

Quando os portugueses aportaram por estas terras no ano de 1500, tornando-a posse e colônia sua, viviam mais de 5 milhões de pessoas na extensão geográfica que hoje chamamos Brasil. Isso segundo estimativas. Eram centenas de povos diferentes, com múltiplas culturas, línguas, organizações e também religiões. Esses povos foram denominados – erroneamente – de índios. Suas religiões – seguindo a mesma lógica – foram chamadas simplesmente de "religiões indígenas". E assim continuam a ser chamadas até hoje. O último Censo Demográfico (2010) encontrou um número de 63 mil pessoas que, do ponto de vista de pertença religiosa, foram identificadas como "tradições indígenas". Como o próprio nome reconhece, é algo plural que se esconde sob essa denominação genérica. Na verdade, a imensa maioria dos povos, culturas, línguas e religiões dos habitantes antigos destas terras foi dizimada. Muito pouco das tradições religiosas indígenas sobreviveu. Parte dessas sobrevivências religiosas é praticada hoje pelos povos indígenas em suas reservas; parte das tradições religiosas desses povos acabou se juntando a outras tradições religiosas, originando grupos em que podem ser percebidas influências de religiões dos povos indígenas. Essas religiões estão presentes especialmente na Região Amazônica. Uma sobrevivência de elementos religiosos indígenas muito rica e interessante pode ser encontrada nas religiões que fazem o uso de um chá conhecido como ayahuasca. O uso religioso desse chá na grande Floresta Amazônica (não só dentro do Brasil) remonta provavelmente ao tempo anterior à chegada de portugueses e espanhóis. Esse uso foi retomado nos rituais de grupos religiosos que se formaram na segunda metade do século passado: o Santo Daime, a União do Vegetal e a Barquinha. Cada um desses grupos tem suas peculiaridades, mas tem no uso ritual do chá ayahuasca um elemento comum herdado de tradição indígena. Hoje essas religiões não estão mais restritas à Região Amazônica. Espalharam-se por todo o Brasil e inclusive em outros países do mundo. Isso mostra que, mesmo que em número reduzido, as tradições religiosas indígenas destas terras não só se mantiveram vivas, como conheceram também uma certa expansão.

3
Conceitos em torno da religião

Religião e seita

"Mas isto não é uma religião, é uma seita!" Talvez já tenhamos ouvido muitas vezes afirmações como esta ou semelhantes quando está em discussão algum tema em torno da religião. Outra afirmação comum nesse contexto é: "Não é bem uma religião. É mais uma filosofia de vida". Existiriam, pois, grupos que podem ser classificados como religião, outros como seita e outros como filosofia de vida? Esse tipo de classificação, aparentemente bastante lógico, na prática faz pouco sentido. O que teria que ter certo grupo para ser classificado como religião? Ou o que estaria faltando a um determinado grupo para que não fosse reconhecido como religião, mas como seita? E existe alguma religião que não tenha uma proposta de filosofia de vida? A categoria "filosofia de vida" é bastante aberta e pode ser usada em diversos contextos. Mas as categorias religião e seita são geralmente usadas como contrapostas e num sentido muito mais pejorativo do que elucidativo. Assim, quando se fala que um determinado grupo é uma seita, vai nessa afirmação um quê de desmerecimento, de não reconhecimento, de acusação de falta de seriedade, de sectarismo e outras suspeitas. Geralmente o meu grupo não é classificado como seita, mas sim o do outro; e assim esse vocábulo, mais do que uma classificação, é uma desclassificação. A palavra, que em sua origem significa separação, adquiriu no contexto religioso uma conotação negativa, quase que de acusação e de caráter claramente discriminatório. Poder-se-ia dizer que o Cristianismo é uma seita judaica ou então que o Budismo é uma seita hinduísta? Pela origem da palavra, sim; dado que o Cristianismo é uma religião que em sua origem saiu do Judaísmo, bem como o Budismo saiu do Hinduísmo. Mas como a palavra "seita" adquiriu um outro sentido, não mais se sustenta afirmar o que foi dito acima. Dever-se-ia, portanto, evitar a classificação de algum grupo como seita. Todos os grupos que erroneamente são chamados de seitas devem ser vistos simplesmente como são: religiões.

O complexo conceito de religião

O que é uma religião? Certamente todos nós conhecemos uma ou mais religiões e por isso nos parece simples responder à pergunta. Quando, porém, tentamos formular uma resposta, aí começam as dificuldades. Há um autor, Z. Bauman, que diz: "A religião pertence a uma família de curiosos e às vezes embaraçantes conceitos que a gente compreende perfeitamente até querer defini-los". E concordo com essa afirmação, pois se formos tentar definir o que é religião, teremos muitas possibilidades; mas com certeza nenhuma que possa ser tida como absoluta e por todos aceita. A pergunta por uma definição de religião fica mais complexa ainda quando a olhamos a partir da indagação sobre quais seriam os elementos constitutivos de uma religião, ou seja: O que é necessário para se considerar que algo é uma religião? Seria necessário que houvessem ritos? Seria necessária a existência de alguma doutrina? Seria constitutivo de religião reportar-se a algum deus ou deuses ou espíritos ou ao sobrenatural? É preciso que religião tenha algum aspecto de comunidade, de grupo, de hierarquia religiosa como sacerdotes ou ministros consagrados? Tem toda religião uma proposta de filosofia de vida ou moral? Seria o fato de ter alguma concepção de vida para além da morte algo necessário para se considerar religião? Mesmo se disséssemos que tudo isso e até mais alguma coisa – ou menos alguma coisa – constitui religião, a junção desses elementos não criaria nenhum instrumento que pudesse funcionar como uma espécie de *religiômetro*, isto é, um instrumento que pudéssemos aplicar a algum grupo determinado e definir com clareza: "Isto é religião!" e "Isto não é uma religião!" Não há nenhuma definição universal de religião, bem como não há critérios absolutos que se possam utilizar para dizer se um determinado conjunto de elementos é ou não uma religião. Considerar como religião uma determinada constituição concreta de elementos vai depender muito mais de as pessoas assim a perceberem e classificarem do que de alguma definição que se possa ter. Assim, é religião aquilo que as pessoas consideram religião. Talvez possa ser essa uma definição mínima.

4
Hipóteses sobre a origem da palavra "religião"

1ª hipótese

De onde vem a palavra "religião"? O termo em português, e em quase todas as línguas ocidentais, tem como origem a palavra latina "*religio*". Não sabemos exatamente em que contexto nasceu essa palavra e qual era o seu significado primeiro. Sabemos, no entanto, que esse termo é usado pelos romanos, já antes de Cristo, para designar justamente religião. É comum ouvir dizer que a palavra "religião" vem de "religar" (ou em latim, que "*religio*" vem de "*religare*") e significa a religação do ser humano com Deus. Religião, pois, religa o ser humano à divindade. Essa afirmação de que o termo "religião" é derivado de "religar" é do pensador Lactâncio, que viveu em torno de 260 a 340. Ele era professor no Império Romano e perdeu seu cargo ao se converter ao Cristianismo. Escreveu diversas obras defendendo o Cristianismo diante da filosofia da época. Sua afirmação de que religião deriva de religar e significa, portanto, a religação do ser humano com Deus se torna muito conhecida por ter sido usada por Santo Agostinho. Este, utilizando-se do que Lactâncio havia dito sobre a origem do termo "religião", vai afirmar que o Cristianismo é a verdadeira religião (*religio vera*), a única capaz de religar o ser humano com Deus. Mas a afirmação de Lactâncio não é a mais antiga que temos sobre a origem da palavra "religião". Muito antes dele, o pensador romano Cícero (106-43 a.C.) escreve que "*religio*" vem de "*relegere*", que significa "atuação com consideração", "observância cuidadosa", "atuação atenciosa" e, sendo assim, afirma que por isso "religião" significa o cuidadoso cultivo dos deuses ou a cuidadosa veneração dos deuses. Para nós talvez fique mais claro o significado da palavra "*relegere*" se olharmos o seu contrário, "*neglegere*", de onde provém o termo "negligenciar". Para Cícero, a palavra "religião" está ligada, portanto, em sua origem a uma atitude, um modo de ser: o cuidado atencioso com os deuses. Ou, como diziam os romanos, o *cultus deorum*, "o cultivo dos deuses".

2ª hipótese

Qual é a origem da palavra "religião"? Não sabemos exatamente quando nasceu a palavra e por isso nem o seu significado original. Mas a mais antiga explicação conhecida que temos para a sua origem está na obra intitulada *De natura deorum* (Sobre a natureza dos deuses), de autoria do pensador romano Cícero (106-43 a.C.). Ali Cícero afirma que o termo "religião" é originado do verbo "*relegere*" – que significa ação cuidadosa – e conclui que por isso "religião" significa a "cuidadosa veneração dos deuses". Essa explicação faz muito sentido justamente no contexto da religião dos antigos romanos, onde havia cultos domésticos e muitos deuses eram cultuados/cultivados em família. A esse cultivo cuidadoso dos deuses pelas pessoas da família é que Cícero vai chamar de "*religio*" (religião). Essa possibilidade de ver a origem da palavra "religião" ligada ao verbo "*relegere*" e seu significado de uma ação cuidadosa, nos remete a uma interessante compreensão: religião como atitude. No senso comum se conservou muito dessa compreensão antiga da palavra, pois quando dizemos que uma pessoa é religiosa, entendemos geralmente algumas atitudes como a de devoção e de piedade ou então uma certa compreensão de atitude moral, ao entendermos uma pessoa religiosa como uma pessoa bondosa, compreensiva, correta. Indiretamente entendemos que não é do feitio de alguém religioso ser violento, injusto ou desonesto. Parece, pois, correto dizer que numa compreensão muito antiga, o termo "religião" está ligado a um modo de ser, a uma forma de portar-se e comportar-se e não tanto a algo a ser crido, a alguma crença, nem à pertença a algum grupo. É possível, pois, entender religião não como instituição religiosa (organização religiosa, estrutura religiosa, comunidade religiosa) ou crença (em algum conteúdo como Deus, deuses, compreensão de origem ou destino da vida), mas sim religião como o cultivo de uma forma de vida. E, segundo a definição mais antiga que temos, uma forma cuidadosa de viver.

3ª hipótese

É bastante comum ouvir a afirmação de que a palavra "religião" vem do verbo latino "*religare*". Em latim esse termo significa "amarrar de novo", "ligar de novo", "ligar de volta", mas também em sentido amplo "levar de volta", "reatar". A possível derivação da palavra "religião" do termo latino "*religare*" é muito conhecida. É, porém, relativamente tardia e tem uma origem bastante localizada. Quem faz essa derivação é Lactâncio, um pensador cristão dos séculos III-IV. Para ele, a religião "leva de volta" o ser humano para Deus, "liga novamente" o ser humano com Deus. É claro que essa explicação que Lactâncio dá para a origem da palavra "religião" não é sem interesse religioso. Ele está pensando na teologia judaico-cristã da aliança. O ser humano rompeu sua aliança com Deus pelo pecado e por isso foi expulso do paraíso. Em Jesus Cristo se dá uma nova aliança (São Paulo chama inclusive Jesus de Novo Adão em uma de suas cartas). Ele é o caminho que "leva [o ser humano] de volta" para Deus. Jesus Cristo é o elo da religação do ser humano com Deus. A afirmação Lactâncio, de que o termo "religião" deriva de "*religare*" tem, pois, não apenas uma preocupação etimológica. Ela tem, sobretudo, uma preocupação teológica. Essa derivação ganha força e passa a ser muito conhecida historicamente ao ser assumida pelo grande teólogo Santo Agostinho, que descreve o Cristianismo como "*religio vera*" (verdadeira religião), como a única que é capaz de ligar novamente com Deus a alma humana pecadora. Mesmo reconhecendo que a explicação da palavra "religião" como originada de "*religare*" é bastante tardia na história da palavra, não deixa de ser interessante notar que nela há dois elementos bastante curiosos: por um lado uma explicação funcionalista de religião, isto é, a ideia de que a religião serve para alguma coisa, de que ela tem uma função; por outro lado a ideia de três tempos históricos, isto é, um tempo (no princípio) de ligação do ser humano com Deus, um tempo (atual) de rompimento do ser humano com Deus e um tempo ideal (futuro) de religação do ser humano com Deus. Essa compreensão da própria história está presente em diversas religiões, mas sobretudo no Judaísmo, Cristianismo e no Islã.

5
As teorias sobre a origem da religião

A pergunta pela origem das religiões

Como surgiram as religiões? Essa pergunta pode ser encarada de duas maneiras. Por um lado, procurar a origem individual de cada religião: tal religião surgiu nesta ou naquela situação, com a atuação desta e daquela pessoa. Por exemplo: o Cristianismo surgiu há quase dois mil anos, com a atuação de Jesus, chamado o Cristo. Ou então o Islã surgiu há cerca de 1.400 anos, pela atuação de Mohammed, chamado de Profeta. Por outro lado, essa resposta começa a se tornar problemática e difícil se percebermos que tanto o Cristianismo como o Islã surgem dentro de outra tradição religiosa, o Judaísmo. E a origem deste se vê ligada a outras tradições religiosas. E a situação fica ainda mais complexa quando olhamos o estudo de povos antigos e percebemos que não há povo ou cultura que não tenha tido religião. Como é muito difícil responder à pergunta pela origem da religião de forma individualizada (como surgiu cada religião), se coloca a questão pela origem de religião em si, ou seja, há algo que explique o surgimento de religião? O campo das tentativas de resposta à pergunta pela origem de religião é vasto. Há muitas teorias sobre como surge religião. As mais conhecidas e tradicionais são: as teorias evolucionistas, que veem a origem da religião como consequência do processo de evolução da espécie humana; as teorias psicológicas, que supõem que a religião surge de processos ou necessidades psíquicas; as teorias antropológicas, que explicam a origem da religião como uma característica própria do ser humano e sua compreensão de mundo; as teorias sociológicas, que por sua vez pretendem explicar o surgimento da religião como algo ligado às necessidades sociais do ser humano, quer dizer às suas necessidades de convivência em comunidade; as teorias teológicas que entendem estar a origem da religião na revelação divina; as teorias filosóficas, que entendem o surgir da religião na busca do ser humano pelo sentido da existência; as teorias fenomenológicas, que levantam a hipótese de que a religião surge de uma determinada experiência humana. Cada uma dessas explicações tem sua razão, mas nenhuma responde definitivamente à pergunta pela origem de religião.

As teorias evolucionistas

Entre as tentativas de explicar o surgimento de religião na humanidade, muitas que tiveram adesão em seu início foram as chamadas teorias evolucionistas: a origem e desenvolvimento da religião vista como um mecanismo de evolução da própria humanidade. Simplificadamente, essas teorias entendiam que como a espécie humana é fruto de uma evolução a partir de alguma espécie primata, nessa passagem também teria surgido uma capacidade especial da espécie, a capacidade de criar religião. Seria uma religião primitiva, ligada à ideia de forças sobrenaturais, de espíritos e de alma. Por um lado fenômenos da natureza, como os raios, as tempestades ou as forças das águas e por outro lado fenômenos percebidos no ser humano como doença, sonhos e a morte, teriam levado o ser humano a desenvolver a ideia de uma realidade transcendente a esta, uma outra realidade além da visível e palpável. E disso teriam surgido as primeiras religiões. Primitivas e um tanto mágicas, pois queriam lidar com o invisível e o incontrolável. Essas religiões teriam evoluído em estágios muito diversos e seriam a origem das religiões que temos hoje. Assim como nas espécies da natureza, temos diversas que são próximas e podem ser classificadas no mesmo gênero, isso também explicaria a dinâmica religiosa. Dessa forma, partiu-se para classificar as religiões em gêneros distintos, como por exemplo: religiões primitivas, naturais ou animistas, ligadas a cultos da natureza, de espíritos ou da alma; religiões bárbaras ou sacrificiais, que sacrificavam animais e humanos em seus ritos; religiões politeístas, que adoram a muitos deuses e finalmente as religiões monoteístas, que entendem haver um único Deus, princípio de tudo, ao qual cultuam. As religiões monoteístas seriam as mais desenvolvidas na cadeia da evolução religiosa que iria de religiões primitivas a religiões complexas e evoluídas. Esse tipo de explicação para a origem da religião tem até uma certa lógica e recebeu a seu tempo uma boa adesão. Ao ser olhada mais de perto, no entanto, não condiz com os fatos e expressa, na verdade, uma compreensão pejorativa: a religião do outro é sempre mais primitiva; a minha é mais evoluída (e superior!). Por isso, se alguém hoje classificar alguma religião como primitiva, não estará a fazer uma classificação, mas uma discriminação religiosa.

As teorias da psicologia

Como explicar que a existência de religião é uma constante na humanidade? Não há povos ou culturas, em qualquer época que não tenham sido marcados por sistemas religiosos. Uma tentativa de explicar essa constatação foi atribuir a origem da religião à estrutura própria da mente humana. São as chamadas teorias psicológicas para a origem da religião. Segundo estas, grosso modo, o surgimento de religião está ligado à forma como a psique humana funciona. Assim sendo, religião seria o resultado de um processo psicológico, uma produção resultante, pois, da própria atividade psíquica. Com uma certa popularização da psicologia, tornou-se comum explicar muitas coisas afirmando simplesmente que "é psicológico". A religião também foi posta por vezes nessa lista. De uma maneira simplificada, existem três tipos de teorias psicológicas para a origem da religião. As mais antigas proposições nessa linha entendem que a origem da religião se dá como reação da mente humana frente ao medo ou ao inexplicável. O medo de fenômenos indomáveis da natureza como tempestades ou enchentes, ou do inexplicável como certos acidentes ou mesmo a morte, teria levado a mente humana a supor que há forças por detrás de tudo isso. A crença na existência desses poderes ou forças transformados em divindades ou espíritos teria levado ao surgimento da religião. A essas divindades ou espíritos atribuir-se-ia a autoria daquilo que o ser humano não consegue dominar ou explicar. A religião seria um mecanismo da mente humana para explicar o inexplicável. Outra teoria psicológica para a origem da religião entende-a como uma projeção da mente humana para lidar com suas limitações ou frustrações. Como o ser humano tem dificuldade de lidar com a sua impotência, a sua mortalidade, a sua finitude, ele projeta uma dimensão que transcende essa limitação e nela há o todo-poderoso, o imortal, o eterno. Uma terceira teoria psicológica para a origem da religião entende ser a dimensão transcendente algo próprio do ser humano. A religião seria, pois, justamente o lugar onde essa dimensão profundamente humana encontra sua expressão.

As teorias da sociologia

A busca por uma explicação para o fato de que em todas as culturas e povos tenham surgido sistemas que podem ser chamados de religiões também levou à hipótese de que a origem da religião estaria na própria forma de convivência do ser humano. O ser humano é um ser social, uma espécie que não consegue viver só, mas sim em sociedade. Nessa hipótese, a religião seria uma necessidade social. Uma sociedade não é simplesmente um ajuntamento de pessoas. Para que um ajuntamento de pessoas seja uma sociedade (ou em âmbito menor, uma comunidade) é necessário que haja um conjunto de elementos que ligue essas pessoas: entendimentos que sejam comuns; uma noção de ordem que todos aceitem, entendam e respeitem; uma linguagem por assim dizer pela qual os indivíduos de uma sociedade se entendam e se façam entender. Segundo as teorias sociológicas para a origem da religião, ela nasceria justamente por conta da necessidade de elementos de coesão social. Há duas teorias mais importantes nessa linha. Uma delas entende que toda a sociedade necessita de um sistema de sentido: um sistema de pensamento que dê sentido às coisas, às origens, aos destinos, à existência. Tanto o ser humano individualmente como socialmente necessita viver com sentido. Assim, toda sociedade produz sistemas de sentido. Nessa compreensão, a religião seria exatamente isto: o sistema de sentido da sociedade. Toda sociedade produziria, pois, religião pelo simples fato de não poder viver sem sentido. Os sistemas religiosos nada mais seriam do que os reservatórios de sentido de uma sociedade, independentemente deste ou daquele conteúdo religioso. Segundo outra linha de pensamento, a religião surge pelo fato de a sociedade ter necessidade de ordenamento: toda sociedade tem a necessidade de ter valores, limites, ideais, compreensões do certo e do errado. Não há como um grupo humano compor uma sociedade sem uma noção comum de ordem, por mínima que seja. A religião, nessa compreensão, é exatamente isto: o sistema de racionalização da vida em comum. Em ambas as hipóteses, é pela religião que o indivíduo entende o seu papel e lugar na sociedade, justamente por sua ligação com esse sistema chamado então de religião. Na necessidade social de sentido ou de organização é que estaria, pois, a origem da religião.

As teorias da antropologia

Na tentativa de explicar o porquê do fenômeno religioso, isto é, por que praticamente todos os povos e culturas criaram religiões, encontramos as chamadas teorias antropológicas da religião. Trata-se de tentativas de explicar a origem do fenômeno religioso como ligado à própria espécie humana, ou seja, para entender como surge religião seria necessário entender algumas necessidades do ser humano. De uma forma simplificada, pode-se dizer que há três linhas de pensamento sobre as necessidades humanas que fizeram surgir as religiões. Uma dessas compreensões entende ser a necessidade de união e harmonia social um fator decisivo para a origem de religião. A espécie humana precisa de elementos e estruturas que o acolham em uma comunidade, onde os indivíduos possam sentir-se membros do todo, acolhidos pelo todo e entender o seu lugar no mundo. Nessa linha se encaixariam por exemplo o surgimento de símbolos e imagens comuns. Uma segunda linha de argumentação vê na origem da religião a necessidade do ser humano de por um lado fazer frente aos sentimentos negativos e ameaçadores, como o medo, a solidão, o abandono, a morte, e por outro lado da promoção de estruturas e espaços que gerem confiança ou da serenidade. Nas religiões o ser humano encontraria a superação desse lado negativo e ameaçador por estruturas que neutralizariam a negatividade criando espaços de confiança. Uma terceira linha de pensamento coloca como necessidade básica humana suprida pela religião a necessidade de sentido. A espécie humana não consegue viver sem ver sentido nas coisas, tanto nas pequenas situações do dia a dia como um sentido para questões de existências pessoais ou para a existência do todo. As religiões seriam, nessa compreensão, sistemas de sentido orientadores do ser humano. As religiões, nessa teoria, são sistemas de explicação do mundo. Essas três ideias antropológicas para a origem da religião não se excluem mutuamente e se poderia ver as três necessidades humanas (de união social, de espaço de confiança e de um sistema de sentido) combinadas como geradoras dos sistemas religiosos em todas as culturas e povos.

As teorias da fenomenologia

Entre as muitas hipóteses para tentar explicar a origem da religião, uma delas parte da ideia de que por trás do surgimento de sistemas religiosos, de religiões organizadas e suas estruturas está o sentimento religioso. Seria próprio do ser humano a capacidade de ter experiências que sejam sentidas ou percebidas como religiosas. Podem ser experiências de forças estranhas, de energias maiores, de algo arrepiante ou tremendo, de algo fascinante ou augusto. Esse tipo de experiência pode ocorrer diante de uma montanha, de uma pedra, de uma árvore, de um ruído, de uma palavra, de um silêncio, de uma melodia, ou seja, em qualquer situação e ocasião o ser humano estaria aberto à possibilidade de ter alguma experiência religiosa. Esse sentimento é entendido por essa linha de pensamento como algo próprio, que não pode ser confundido com outros tipos de sentimento. É o sentimento da presença do sagrado, do totalmente outro, de uma realidade diversa da qual vivemos. A descrição dessa experiência poderia ser feita com expressões diferentes, como: experiência religiosa, experiência sagrada, experiência espiritual, experiência transcendente, experiência mística etc. Independentemente da descrição que se faça, ela é de tal ordem que não pode ser confundida com outra e o ser humano que a tem, sente-a dessa forma. Qualificá-la como sagrada ou religiosa não seria uma conclusão, mas o sentimento em si. Esse sentimento não seria propriamente a religião, mas – nesta hipótese – é dele que brota a religião, é esse sentimento que está na base do fato de existirem religiões. Nessa linha de pensamento, os sistemas, as estruturas e instituições religiosas são diferentes umas das outras porque a experiência do sagrado é sempre interpretada dentro de um tempo e cultura específica, gerando assim a diversidade de interpretações, e com isso a diversidade de religiões. Mas o tipo de experiência que levou à constituição de religiões ao longo da história teria sido sempre o mesmo. E ter esse tipo de experiência seria uma capacidade humana. Seríamos, nós humanos, uma espécie a ser classificada não apenas como *homo sapiens*, mas também como *homo religiosus*, quer dizer, uma espécie capaz de ter um tipo de sentimento percebido como sagrado ou espiritual ou transcendente. Isso não quer dizer que todo ser humano tenha que fazer a opção por alguma religião; quer dizer tão somente que o ser humano tem a capacidade de ser religioso.

6
Escritos sagrados nas religiões

Religiões e escritos sagrados

Um elemento que chama a atenção quando olhamos as religiões do mundo é o fato de diversas delas terem o que se pode chamar de Escrituras Sagradas, ou seja, algum texto ou coletânea de textos reconhecidos pelos membros da respectiva tradição religiosa como especiais por algum motivo. Não existe um critério único para se afirmar o que é um escrito sagrado, pois as próprias tradições dão importâncias diversificadas a esses escritos. Fato é, no entanto, que esses escritos não são igualados a outros dentro da respectiva tradição. Por algum motivo são considerados especiais, diferentes, importantes, fundamentais. O que os torna especiais é muitas vezes a origem atribuída aos textos: em alguns casos se entende serem textos que têm origem na própria divindade ou divindades, Deus os teria revelado e o ser humano apenas os teria posto por escrito; em outros casos os escritos sagrados são especiais por conterem os ensinamentos do fundador ou líder de determinada tradição religiosa; em outros casos, são especiais por entender a tradição que conservam as histórias das origens; em outros casos o que os faz especiais é o fato de conservarem fórmulas, orações e rituais antigos da respectiva tradição; em outros ainda por narrarem, assim entende a tradição, a ação da própria divindade; em outros ainda por contarem a saga de figuras heroicas do início dos tempos. Muitos dos textos considerados sagrados por alguma tradição não foram compostos a um só tempo. Trata-se de um ajuntamento de textos surgidos em momentos e contextos diferentes, mas que a tradição religiosa os reuniu e reconheceu seu caráter especial. Há diversos casos, inclusive, em que o conteúdo agora escrito, já existia por séculos na tradição oral e em algum momento foi recolhido por escrito. Em outras tradições os textos sagrados surgiram num momento especial na história da respectiva tradição e não são uma coletânea de textos diversos. Há ainda tradições religiosas que reconhecem textos sagrados, mas há grandes discussões internas sobre quais seriam esses textos, pois algumas correntes reconhecem alguns não reconhecidos por outras. Quanto ao estilo, os textos sagrados são também de uma enorme diversidade: há histórias, há orações, há sagas, há aforismos e ditos, há rituais, há coletâneas de leis, há narrativas mitológicas, há exortações e ensinamentos. É muito interessante olhar mais de perto o que as religiões chamam de escritos sagrados.

Os escritos sagrados no Hinduísmo

As tradições religiosas da Índia, que são chamadas muitas vezes pelo nome coletivo de Hinduísmo – embora isso não seja tão correto –, são as que têm os conjuntos de textos sagrados mais antigos que conhecemos. Não se trata de um livro sagrado, mas de muitos textos que são considerados sagrados. Eles são classificados em dois tipos: os Sruti e os Smrti. "*Sruti*" quer dizer literalmente audição. Os escritos Sruti são considerados emanação direta da divindade Brahman (o Absoluto) e por isso esses textos são tidos como revelados. Eles têm mais autoridade religiosa e são os mais antigos entre os textos sagrados da Índia. Não são, porém, os mais populares e por vezes conservam apenas uma autoridade religiosa distante. Entre esses escritos, os mais importantes são as coletâneas chamadas de Vedas e os Upanixades. Existem quatro vedas: o Rigveda, o chamado "Veda dos Versos", que é o mais antigo e a base de todos os outros. Essa coletânea já estava formada há mais de 3 mil anos e reúne versos que certamente eram de tradição oral muito anterior; o Samaveda, também chamado de "Veda dos Cânticos" ou "Veda das Melodias"; o Yajurveda "Veda dos Rituais de Sacrifício" ou "Veda das Fórmulas"; e o mais recente deles, o Atharvaveda, *o* "Veda dos Mantras", que teria sido concluído há 2.500 anos. Os quatro Vedas são interdependentes. Esses escritos são aceitos por todas as tradições religiosas hinduístas que lhes atribuem grande valor e respeito. Os Upanixades são escritos filosófico-religiosos surgidos entre 2.400 a 2.800 anos atrás. São textos baseados nos Vedas, por isso também chamados de Vedanta, conclusões dos Vedas, e podem ser tidos quase que como uma espécie de posfácio aos Vedas. Já os textos classificados como Smrti são muitos e nem todos são reconhecidos como sagrados por todas as tradições religiosas hinduístas. Entre eles, há duas epopeias, que são mais conhecidas: o Ramayana e o Mahabharata. Este último é um conjunto grande de livros e um deles é o mais popular, o texto chamado de Bhagavad Gita, também publicado em traduções no Brasil. Trata-se de um poema épico, composto há cerca de 2.200 anos, que narra uma batalha e pode ser interpretado como a batalha da vida.

O Bhagavad Gita

Nas tradições religiosas chamadas de Hinduísmo existem muitos escritos considerados sagrados. Os quatro conjuntos de escritos mais antigos são os chamados Vedas. A palavra "*veda*" significa saber ou conhecimento e esses conjuntos de escritos chamados de Vedas possuem uma autoridade religiosa superior a todos os outros escritos considerados de alguma forma como sagrados entre as tradições hinduístas. Mesmo sendo os Vedas os textos de maior autoridade religiosa e os mais antigos, eles não são necessariamente os mais conhecidos ou populares. Entre os mais conhecidos e populares está o texto chamado Bhagavad Gita, a parte mais conhecida de um conjunto maior de textos, chamado Mahabharata. "*Gita*" quer dizer canção e "*Bhagavad*" pode ser traduzido como o Senhor, o Mestre ou também "aquele que possui a riqueza". Dado que se entende o Mestre ou o Senhor como divino, o título se pode traduzir como "Canção do Divino Mestre". O texto narra uma batalha. Na verdade, não a batalha em si, mas um diálogo que ocorre justamente antes da batalha. O comandante dos exércitos de um dos lados, que se chama Árjuna, tem como condutor de seu carro de guerra a divindade Krishna. Na conversa, Árjuna está confuso, pois não vê proveito na luta na qual certamente muitos morrerão, haverá muita tristeza e nem a vitória será garantia da felicidade. O Senhor Krishna vai respondendo a todas as inquietações do guerreiro e logo se percebe que o texto, muito habilmente escrito, está falando da batalha da vida, das dúvidas existenciais e cada pessoa é o guerreiro. No decorrer do diálogo, Árjuna aprende que há três caminhos que podem levar à salvação: libertar-se da ação feita apenas para conseguir resultados, pois agir e agir corretamente é um dever ("Os míseros avarentos é que querem desfrutar do resultado da ação", diz o texto); levar uma vida devotada à divindade ("Quem trilha pelo caminho do serviço em devoção, com inabalável fé, e faz de mim sua meta é muito querido a mim", diz Krishna); e buscar o caminho da iluminação pelo saber ("Por isso todas as dúvidas que surjam no coração causadas pela ignorância devem logo ser cortadas com a espada do saber"). Tanto por seu estilo leve e claro, como por seu lado filosófico-religioso muito prático, é fácil entender por que o Bhagavad Gita se tornou um texto bastante popular, traduzido em muitos países, inclusive no Brasil.

Os escritos no Budismo

A religião do Budismo é uma entre muitas das religiões da humanidade que possui textos chamados de sagrados. No Budismo os textos não são sagrados por se considerar que tenham sido revelados ou inspirados por alguma divindade, dado que nessa tradição não existe concepção de divindade. Há conjuntos de textos que são considerados sagrados por serem textos-fonte para a tradição budista e possuem um valor doutrinal. Assim não se fala tanto em textos sagrados no Budismo, mas sim no cânon budista, isto é, na lista de textos-fonte. Qual é exatamente essa lista é algo um tanto complexo para ser dito, dado que existem diversos cânones. A diversidade de cânones é em boa parte resultado da expansão geográfica dessa religião. Surgida em torno do século V antes da contagem comum, onde hoje se situa o Norte da Índia, essa religião se expandiu com relativa rapidez para o Sul, chegando até o Sri Lanka; para o Sudeste Asiático, chegando até o atual Vietnã; ao Extremo Oriente, chegando à China e Japão; ao Norte, na direção do Nepal e Tibete; ao Ocidente, na direção dos atuais Paquistão e Afeganistão. O cânon formou-se junto a essa expansão e assim existem diferentes listas conforme a respectiva tradição e a língua. Hoje há um certo consenso entre os estudiosos que o cânon páli (porque escrito nessa língua) deva ser considerado o que melhor preservou as ideias originais de Siddhartha Gautama, o Buda, fundador dessa religião. Esse cânon é conhecido como Tipitaka, o que significa em páli "três cestos de flores". Como o nome sugere, se trata de três conjuntos de textos: o Vinayapitaka, isto é, o conjunto de textos que tratam da disciplina de vida do budista (tanto individualmente como a vida em comunidade); o Suttapitaka, isto é, os textos chamados de ensinamentos ou doutrinas e que contêm especialmente os discursos (ou sermões) e ditos do próprio Buda; e o Abhidhammapitaka, o conjunto de textos de reflexões sobre a doutrina budista. Enquanto os dois primeiros conjuntos são mais práticos, o terceiro é mais especulativo ou filosófico. Além do cânon páli, há outros cânones, entre os quais os mais conhecidos são o cânon sânscrito, o chinês e o tibetano. Essas coletâneas de textos são muito extensas. No Brasil a grande parte destes escritos é conhecida apenas pela respectiva tradição religiosa, quando muito. O único texto que conheceu uma maior divulgação no Brasil, tendo sido publicado em diversas traduções é o Dhammapada, um texto que é parte do Suttapitaka, cânon pali, chamado de *A Senda da Virtude ou da Lei* e contém 423 versos de Buda sobre a ética.

O Dhammapada

Dentre os muitos escritos que na tradição budista são considerados textos-fonte, há as coletâneas chamadas de Suttapitaka, ou o cesto de sutras. A palavra sutra pode ser traduzida como aforisma ou afirmação e indiretamente então como um ensinamento conciso. Essa coletânea de sutras contém textos que – segundo a tradição – teriam sido recolhidos pelos discípulos a partir de falas do próprio Siddhartha Gautama (o Buda). Assim há sutras em forma de narrativa de algum evento com a participação do mestre, há outros em forma de sermões ou discursos e há outros que são coletâneas de afirmações quase que proverbiais. Diversos desses textos (ou partes deles) foram traduzidos e comentados em línguas ocidentais e se tornaram assim relativamente conhecidos, como o Sutra do Coração, o Sutra do Diamante, o Sutra do Lótus, bem como o chamado Sermão de Benares, que teria sido o primeiro ensinamento de Buda para os seus cinco primeiros discípulos. A coletânea de sutras provavelmente mais conhecida (traduzida e comentada também no Brasil) no Ocidente é o texto conhecido como Dhammapada. A palavra pode ser traduzida como Caminho da Doutrina, Caminho da Lei, Senda do Ensinamento ou Senda da Virtude, e é tido como uma espécie de resumo dos ensinamentos budistas. O texto, como o temos atualmente, é uma coletânea feita há pelo menos 2.300 anos e está dividido em 26 pequenos capítulos, contendo um total de 423 versos. Os capítulos reúnem afirmações sobre uma determinada temática. Assim há, por exemplo, capítulos sobre a atenção, o espírito, a sabedoria, a violência, o mundo, o caminho etc. A temática geral poderia ser resumida a dois assuntos muito importantes para o Budismo: um deles é a busca da felicidade ou como evitar o sofrimento, e o outro assunto é a busca da libertação ou como não ficar preso ao eterno retorno (ciclos da existência). Tanto para uma como para a outra questão, no centro está a capacidade da atenção a ser desenvolvida pela mente do próprio ser humano. Como diz o verso 103: "Melhor do que vencer a mil guerreiros numa batalha, é vencer unicamente a ti mesmo. Então serás realmente um vencedor na luta".

Os escritos no Confucionismo

A tradição religiosa do Confucionismo, uma das mais antigas e influentes no grande mundo chinês, também tem uma série de escritos que lhe são fontes. Não se trata de livros propriamente sagrados, mesmo porque a tradição do Confucionismo não é tanto um sistema de crenças ou dogmas, mas muito mais um sistema ético-moral baseado, sobretudo, no comportamento e disciplina pessoal, bem como na ideia de que as relações familiares, sociais, políticas devem sempre gerar humanidade. Durante sua vida, o Mestre Kung (conhecido entre nós como Confúcio e que viveu há uns 2.500 anos), dedicou-se a recolher, ensinar e colocar por escrito as tradições antigas do povo chinês. Ele mesmo teria dito: "Eu transmito conhecimentos, mas não crio nada de novo; sou confiável naquilo que digo e amo a antiguidade". Assim, ele teria recolhido em cinco coletâneas os ensinamentos antigos da cultura chinesa e os ensinado a seus discípulos. São eles: o Cânon dos Documentos Históricos, com os textos da história do Império Chinês pretensamente desde a sua fundação há cinco mil anos; o "Cânon dos Poemas", reunindo cerca de 300 textos poéticos antigos de meditação sobre a moralidade humana; o Livro das Mutações (tb. aqui conhecido pelo seu nome chinês: I Ching), que é certamente um dos mais antigos livros divinatórios da humanidade e de influência mais ampla que o Confucionismo; os Anais da Primavera e Outono, que reúne textos históricos sobre um determinado período do Estado feudal chinês de Lu e servia quase que como um manual de condução política; e o Cânon dos Rituais e Protocolos, contendo uma coletânea de regras antigas para a formação do caráter, da manutenção da ordem e da paz. Os discípulos de Confúcio, entretanto, recolheram os seus ensinamentos em quatro coletâneas que se tornaram também textos-fonte do Confucionismo. São elas: A Doutrina do Meio; A Grande Sabedoria; o Livro de Mêncio, um dos discípulos de Confúcio que faz uma explicação da doutrina do mestre; e o chamado Analectos de Confúcio, também conhecido como Conversações de Confúcio. Esse livro reúne sentenças, afirmações e diálogos de Confúcio com seus discípulos e é o mais conhecido e difundido dos nove textos-fonte do Confucionismo.

Os Analectos

O Confucionismo não é uma tradição religiosa no sentido comum do termo. Não se trata de um sistema unificado de crenças ou verdades dogmáticas, nem é organizado em comunidades religiosas com hierarquia e ministros ordenados. O Confucionismo é, em princípio, mais um conjunto de proposições éticas que visam a aconselhar a vida pessoal, familiar, social e política. Todas as relações humanas devem gerar humanidade. Na base dessa proposição ética estão os ensinamentos recolhidos e interpretados por Confúcio, um mestre chinês que viveu há cerca de 2.500 anos. Ele se dedicou a recolher, interpretar e ensinar as tradições chinesas antigas. Seus ensinamentos foram guardados e transmitidos por seus discípulos. Aos poucos isso foi sendo posto por escrito, o que gerou o livro chamado Lun Yü, traduzido como Analectos de Confúcio ou então Conversações de Confúcio ou ainda o Livro das Sentenças de Confúcio. O texto como o conhecemos hoje é do século III e essa versão é o texto-fonte confuciano mais conhecido e traduzido, tendo inclusive diversas traduções e publicações no Brasil. O texto é composto basicamente por afirmações de Confúcio ou algum pequeno diálogo entre ele e seus discípulos. A temática geral é a postura ética nas relações. Os assuntos mais recorrentes são as relações na organização pública (política), as relações familiares, a educação dos jovens, o comportamento correto das pessoas. Um exemplo de texto sobre o comportamento dos jovens: "O Mestre disse: Os jovens devem mostrar piedade filial quando em casa, e respeito aos mais velhos quando fora de casa. Devem mostrar-se zelosos, sinceros e dignos de confiança. Devem amar a todos em geral, mas se tornar íntimos apenas das pessoas benévolas. Se, após tudo isso, ainda lhes sobrar energia, devem empregá-la em estudar a 'cultura'". E um exemplo sobre política: "O Duque Ai perguntou: 'Que fazer para que o povo seja obediente?' Mestre

Kung respondeu dizendo: 'Se incentivas os homens honestos e os colocas acima dos desonestos, o povo será obediente. Se incentivas os desonestos e os colocas acima dos honestos, o povo não será obediente'". Por tais afirmações é possível perceber a importância das afirmações de Confúcio e o porquê de sua grande influência na história e na cultura da China.

Os escritos no Taoismo

O sistema religioso do Taoismo também tem seu conjunto de textos que podem ser considerados sagrados ou, como se diz no mundo chinês, textos clássicos. Não é, no entanto, tão simples definir quais escritos fariam parte de um cânon dos textos clássicos taoistas, dado que ao longo da história, diversas foram as tentativas de reunir e definir esse conjunto, mas perseguições religiosas e controvérsias políticas levaram à destruição de textos. Uma dessas tentativas foi feita no século V. Segundo ela, o cânon taoista se compõe de sete conjuntos de escritos: as chamadas Três Cavernas e os Quatro Anexos. Os três primeiros conjuntos são compostos por escritos desenvolvidos cada qual em torno um texto-base ou um conjunto de textos-base oriundos de alguma tradição religiosa taoista. O primeiro deles tem por base um poema litúrgico, o outro tem por base escritos sobre ações mágico-religiosas e o terceiro é de origem não tão clara, mas supõe-se que tenha se originado de mestres atuantes na corte imperial. A cada qual desses escritos há um conjunto chamado de Anexo. O quarto anexo é composto por textos que se referem conjuntamente aos escritos das Três Cavernas. O nome caverna dado aos textos-base advém da tradição de que teriam sido revelados ou encontrados em cavernas. Esses conjuntos de escritos, que ultrapassariam muitas mil páginas, teriam sido mantidos quase que escondidos justamente temendo que se descobertos pudessem vir a ser destruídos. Além dessas coletâneas de escritos taoistas que não nos são tão claras nem conhecidas, há três textos que são incluídos como parte integrante dos clássicos taoistas e que são bastante conhecidos e difundidos, para além do mundo chinês e inclusive no Brasil. O primeiro deles é o I Ching, conhecido também como Livro das Mutações, que certamente é o livro de caráter divinatório mais antigo que a humanidade conhece. Esse texto foi compilado por Confúcio, mas é assumido como clássico também pelo Taoismo. O segundo é o Livro de Chuang Tzu, texto de caráter filosófico, provocador e até hilário, atribuído justamente a esse mestre taoista. O terceiro é o escrito intitulado Tao Te Ching, atribuído a um sábio chamado Lao Tse. O texto é – de longe – o mais conhecido da tradição taoista e considerado o segundo livro mais publicado no mundo (depois da Bíblia). Contém máximas de sabedoria chinesa antiga, especialmente sobre o Tao, o caminho natural da existência.

O Tao Te Ching

Dos escritos religiosos considerados clássicos no Taoismo, o mais conhecido e mais difundido é o Tao Te King (escrito também como Tao Te Ching ou Daodejing). Diz-se inclusive que é – após a Bíblia – o livro mais difundido do mundo. As palavras do título podem ser traduzidas como "caminho, virtude e livro". Diz a tradição que o texto teria sido escrito pelo sábio chinês Lao Tse, que teria vivido há 2.500 anos. Mas dado que Lao Tse pode ser traduzido como "velho mestre", é bem provável que o texto não tenha sido composto por um só autor, mas seja uma coletânea que se desenvolveu ao longo do tempo. Como algumas temáticas tratadas no texto estavam em voga quando da unificação do Império Chinês, que se deu em 221 antes da contagem comum, é provável que tenha recebido nesse tempo a redação final. Como o texto não tem, entretanto, nenhuma indicação de lugar, de acontecimentos e nem ocorre o nome de nenhuma pessoa, é difícil localizá-lo no tempo. De que trata o texto, então? O Tao Te King é um texto de cinco mil caracteres chineses, dividido em 81 capítulos. Não há, porém, nenhuma sequência entre os capítulos. Os capítulos do Tao Te king são textos curtos, difíceis de serem interpretados. Por serem textos enigmáticos, cheios de nuanças, não apenas sua compreensão, mas sua tradução também é extremamente difícil. Trata-se no mais das vezes de sentenças ao estilo sapiencial, muito sutis e sábias. Por vezes tratam da soberba, outras vezes da arrogância; por vezes dá conselhos ou critica as elites. Mas dois temas são os mais tratados: o Tao e o Wu-wei. O Tao quer dizer o caminho natural. Esse é o verdadeiro caminho que deve ser buscado. Tudo o que se faz contra o caminho natural não subsiste. "O que é contra o Tao cedo perecerá", diz o capítulo 30. A expressão Wu-wei geralmente é traduzida como não ação, no sentido de ação tão harmônica com o caminho natural que ela nunca significa uma ação que intervém, por isso não é sentida como ação (daí não ação). Como diz o mesmo capítulo 30: "Realiza seu objetivo, mas apenas como um passo que não podia ser evitado. Realiza seu objetivo, mas sem violência". O texto reúne também pérolas de sabedoria, como: "Compreender os outros é ter sabedoria; mas compreender a si mesmo é ser iluminado. Conquistar os outros exige força; mas conquistar a si mesmo é mais difícil ainda" (cap. 33).

Os escritos sagrados no Judaísmo

Entre as religiões que possuem escritos sagrados, o Judaísmo tem um lugar de destaque. Isso já se nota pelo fato de que no lugar de encontro religioso, a Sinagoga, os textos sagrados são expostos num espaço especial. O conjunto de textos considerados sagrados pelo Judaísmo é conhecido também como Bíblia judaica. Diferentemente, no entanto, do que muitos imaginam, a Bíblia judaica não é simplesmente o que a tradição cristã chama de Antigo Testamento. As diferenças estão em parte nos conteúdos de textos, mas sobretudo na sua organização. A Bíblia judaica é composta por 24 textos, chamados também de 24 livros, divididos em três grupos: a Torá (a Lei), os Neviim (os Profetas) e os Ketuvim (os Escritos). Dessa subdivisão provém o acrônimo pelo qual a Bíblia judaica também é conhecida: a Tanakh. Os próprios nomes dos três conjuntos de textos já nos dão uma ideia sobre seu conteúdo: A Torá reúne os textos das leis religiosas. Esse conjunto de textos é o mais importante da tradição judaica. Pelo fato de ser composto de cinco livros, também é conhecido pelo nome de Pentateuco. A Torá é o primeiro conjunto de escritos que a tradição judaica considerou sagrados e os atribuiu à autoria de Moisés. Sua formação acontece, entretanto, num longo processo, pelo qual esses textos vão sendo compostos e recompostos até chegarem à redação que conhecemos hoje. O conjunto de textos chamados de Neviim provém da ação desses líderes religiosos conhecidos como profetas. Sua atuação e sua mensagem foram sendo postas por escrito e esse conjunto foi sendo acolhido ao longo do tempo como texto sagrado. O último conjunto de textos que foi considerado sagrado pelo Judaísmo é composto pelo que se chama simplesmente de Escritos. Há entre eles textos de estilos, mensagens e origens bem diversas. Há textos de estilo sapiencial, como o Livro dos Provérbios; há textos de fundo mais histórico, como Esdras e Neemias; há um texto de estilo apocalíptico, o Livro de Daniel; há um texto de estilo mais filosófico-reflexivo, como o Livro de Jó etc. Mas o texto mais conhecido e marcante entre os chamados Escritos é sem dúvida o Livro dos Salmos. Trata-se de uma coletânea de orações judaicas que marcaram tanto a tradição ritual do Templo de Jerusalém como marcam até hoje a piedade pessoal de cada fiel.

A Torá

Entre os escritos considerados sagrados pelo Judaísmo, a Torá ocupa um papel de destaque em diversos sentidos. Composta por cinco livros – e por isso também chamada de Pentateuco – a Torá foi o primeiro conjunto de textos reconhecidos como sagrados na tradição judaica. Na Torá se fundamenta toda a forma de vida que conduz a trajetória de um judeu: ali estão tanto as instruções para a vida de fé e as prescrições rituais como a legislação para o dia a dia, para a família, para os bens etc. Ou seja, as disposições escritas na Torá devem orientar a vida do fiel judeu em todos os seus aspectos, sejam religiosos, sejam seculares, familiares ou econômicos. Nas sinagogas, o lugar de encontro religioso dos judeus, há um espaço especial de destaque onde se costuma colocar os rolos com os escritos da Torá. A tradição judaica atribui a Moisés a autoria dos textos da Torá. Isso não deve ser entendido do ponto de vista histórico, mas sim do ponto de vista de autoridade religiosa, dado que Moisés é uma figura de grande importância na formação da religião judaica. Os cinco livros que compõem a Torá não surgiram de um só momento, nem cada qual deles de uma só pena. Todos eles passaram por um processo de escrita e reescrita que durou séculos até que se chegasse ao texto final. E essa redação final não foi realizada por uma pessoa, de tal forma que há na Torá, no que diz respeito às leis, tanto repetições quanto pontos contraditórios. Justamente para dirimir essas divergências e interpretar a Lei de forma mais próxima à tradição é que surgiram os chamados Mestres da Lei. Quando da destruição do Templo de Jerusalém pelos romanos no ano 70 depois de Cristo e a dispersão dos judeus por todo o Império Romano, foi a partir da Torá que os Rabinos (Mestres da Lei) mantiveram vivas as comunidades de fé. Como instrução para a vida dos judeus na diáspora, os Rabinos dividiram as leis da Torá em seis temas, cada qual recebendo comentários explicativos. Desses comentários surgiram dois conjuntos de textos importantes para a interpretação da vivência a partir da fé que recebem igualmente o nome de Talmud, sendo que há um palestinense e outro babilônico. Os seis temas da Torá que estão na base do Talmud são: Agricultura (Zeraim), Sábado, jejuns e festas (Moed), Matrimônio e divórcio (Nashim), Código civil e criminal (Nezikin), Rituais e sacrifícios (Kodashim) e Purificação (Tohoroth). Por esses temas já se percebe o alcance amplo da Torá na vida de cada judeu.

Os escritos sagrados no Cristianismo

O Cristianismo é a religião que tem o conjunto de textos sagrados mais conhecido, difundido, traduzido e editado no mundo, a chamada Bíblia. A palavra é de origem grega e significa "*livros*". Isso faz sentido, pois a Bíblia é composta de muitos livros. Esse conjunto de textos é subdividido em dois grupos: o Antigo e o Novo Testamento (que também podem ser chamados de Primeiro e Segundo Testamento). O Antigo Testamento é composto pelos escritos herdados da tradição judaica subdivididos, porém, em outra ordem. Há uma diferença na tradição cristã no que tange aos escritos considerados sagrados do Antigo Testamento: uma tradição considera que o cânon é composto por 39 livros e outra considera 45 livros como sagrados. No que diz respeito ao Novo Testamento, a lista de textos reconhecidos como sagrados é composta de 27 escritos. Nos primeiros séculos do Cristianismo surgiram muitos textos que passaram a circular entre as comunidades. Com essa profusão de textos, surgiu também a discussão sobre quais deveriam ser considerados de maior importância e quais não deveriam ser vistos como tão centrais. Num processo bastante longo de verificação e discussão, aos poucos as comunidades cristãs foram selecionando os textos e a lista de quais deles deveriam ser considerados canônicos é feita pela primeira vez pelo bispo Atanásio de Alexandria, numa carta pascal do ano 367. Esse Cânon de Atanásio passa aos poucos a ser aceito também por outras comunidades, mas demorou ainda diversos séculos até todo o Cristianismo aceitar os 27 livros canônicos como sagrados. Os textos antigos que não foram acolhidos na lista canônica são chamados de apócrifos. Quanto ao estilo dos livros sagrados do Novo Testamento, 21 deles são cartas (epístolas), 4 são evangelhos, um é uma espécie de crônica (Atos dos Apóstolos) e o último é o Livro do Apocalipse. A maior parte das cartas é de autoria de Paulo de Tarso, um judeu convertido ao Cristianismo e que fundou diversas comunidades cristãs. Mesmo que as edições da Bíblia coloquem em primeiro lugar os quatro evangelhos, os escritos mais antigos do Cristianismo são as cartas de Paulo e entre elas as mais antigas são provavelmente as duas Epístolas aos Tessalonicenses, escritas entre os anos 52 e 53. O evangelho mais antigo é o de Marcos, escrito por volta do ano 67. O último texto a ser escrito entre os 27 livros sagrados do Novo Testamento foi o Apocalipse, composto entre os anos 90 e 95.

Os evangelhos

Entre os textos sagrados do Cristianismo, os evangelhos são certamente os mais conhecidos. Ao todo são quatro: Evangelho de Mateus, de Marcos, de Lucas e de João. A palavra "evangelho" é de origem grega e significa boa-nova ou boa notícia. Esses textos narram ações e pregações de Jesus, o Cristo (o Messias). Mesmo tendo passagens biográficas sobre a vida de Jesus, os evangelhos não foram escritos no intuito biográfico, isto é, de descrever a vida desse judeu, mas sim de conservar os seus ensinamentos. Dessa maneira, pode-se dizer que os evangelhos são textos sobre a mensagem de Jesus, escritos num intuito catequético. Nos primeiros séculos do Cristianismo foram escritos diversos textos com esse mesmo intuito e por isso chamados de evangelhos. Com a definição da lista cristã de livros sagrados, esses quatro foram escolhidos e os outros passaram a ser denominados de evangelhos apócrifos, quer dizer, escritos tardios. Isso já nos leva a entender o principal critério de escolha dos quatro textos: o fato de eles serem mais antigos. Não se sabe exatamente a data de sua composição, mas se tem clareza que o Evangelho de Marcos é o mais antigo e foi escrito por volta do ano 67, isto é, antes da Guerra Judaica que terminou com a destruição de Jerusalém pelos romanos no ano 70. Já o Evangelho de Mateus e o Evangelho de Lucas foram escritos em torno do ano 80 e o último deles, o Evangelho de João, foi escrito pelo ano 90. Os três primeiros (Marcos, Mateus e Lucas) são semelhantes entre si, por isso são chamados de evangelhos sinóticos, quer dizer, escritos na mesma ótica. Mateus e Lucas certamente conheciam o texto do Evangelho de Marcos e retiraram dele diversas passagens. Ao mesmo tempo, os dois têm outros textos em comum, mas que não estão em Marcos. Isso leva a crer que havia um outro texto que circulava entre os cristãos, do qual Mateus e Lucas copiaram algumas passagens. Mas esse texto se perdeu. Já o Evangelho de João é um texto que foi composto de forma independente em relação aos outros três. Ele tem conteúdo e estilo próprios. Os textos a respeito dos quais os quatro evangelhos têm mais coisas em comum são aqueles que descrevem a prisão, julgamento, a condenação, a crucificação e morte de Jesus. Isso leva a crer que as narrativas dos discípulos sobre esses acontecimentos conservaram-se vivas na memória dos cristãos por muitas décadas.

Os escritos sagrados do Islã

A tradição religiosa do Islã é entre as religiões aquela na qual um escrito sagrado ocupa o lugar mais central. Trata-se do Alcorão (ou Corão), texto onde são recolhidas – assim a fé e a tradição muçulmana – as revelações feitas por Deus, por meio do Anjo Gabriel, ao Profeta Mohammed. O Profeta memorizou todas as revelações que ouviu e as repetia em forma de recitação. Seus companheiros aprenderam dele essa recitação e a memorizaram também com a ajuda da recitação. Mais tarde esse conteúdo foi posto por escrito e assim surge o Sagrado Alcorão. Isso ocorreu já depois da morte do Profeta, passada no ano 632. Esse texto ocupa um lugar tão central na religião muçulmana que há quem faça a seguinte comparação: Se no Cristianismo se entende que o Verbo se fez carne, do Islã se pode dizer que o Verbo se fez livro. Essa comparação é válida no sentido da importância fundamental desse texto para a fé muçulmana. Mais do que um texto sagrado, ele é a própria palavra revelada de Deus. Se o Alcorão ocupa um lugar sem qualquer comparação na fé muçulmana, ele não é o único escrito antigo da tradição. Além do Alcorão, existem os escritos chamados de Hadits (ou Ahadit). Ambos não são considerados sagrados e muito menos revelados, mas têm boa importância na tradição, dado que são a fonte mais importante para a interpretação do texto do Alcorão. O que são os Hadits? São os ditos ou as falas do Profeta. No caso, são coletâneas de palavras ou relatos do Profeta Mohammed, feitos por seus companheiros. Inicialmente são tradições orais feitas pelos seus companheiros do que o Profeta disse ou comentou ou contou ou fez alguma interpretação ou então alguma diretiva de vida ou de organização. Entende-se assim a importância dos Hadits para a interpretação da fé dos fiéis muçulmanos. Com o passar do tempo, entretanto, formaram-se diversas tradições orais dessas falas do Profeta. E muitas delas foram sendo postas por escrito. Disso surgiram diversas coletâneas de Hadits, algumas postas por escrito cerca de 100 anos após a morte do Profeta e outras até quase 300 anos depois. A importância dos Hadits está, entretanto, sempre ligada ao Alcorão, como ajuda à sua interpretação.

O Alcorão

O único livro compreendido pelos muçulmanos como sagrado e revelado por Deus é o Alcorão. Sua origem está nas experiências religiosas de Mohammed, compreendido pelos muçulmanos como o último dos profetas. Ele teve, a partir do ano 610, revelações nas quais ouviu do Anjo Gabriel – assim entende o Islã – mensagens do próprio Deus. Essas experiências de revelação duraram até o final da vida de Mohammed, no ano de 632. Ele sempre as recitava e seus companheiros também passaram a recitá-la. Com isso as revelações foram sendo aprendidas de cor. Cerca de 20 anos após a morte do Profeta, esse conteúdo foi posto por escrito e desde então existe o livro do Alcorão. Esse livro recebeu tal nome, justamente pela forma como se originou: Alcorão pode ser traduzido como "a recitação". O texto é dividido em partes que são chamadas de suras ou suratas que são, por sua vez, divididas em versículos. Ao todo são 114 suras, sendo que a ordem pela qual foram postas por escrito segue mais ou menos o critério de tamanho: das maiores para as menores. Exceção é a 1ª Sura, chamada de Al-Fatiha (A Abertura), e é uma prece recitada pelos muçulmanos em todo início da oração. Cada sura tem um nome, relacionado a algum termo do seu conteúdo, e entre os muçulmanos é comum que a referência às suras seja feita por esse nome, enquanto entre os não muçulmanos o costume é referir-se às suras pelo seu número. Todas as suras começam com a expressão: "Em nome de Deus, o Clemente, o Misericordioso" (na tradução mais costumeira). Com exceção da sura 9, que não tem essa expressão em seu início. O Alcorão foi escrito originalmente em árabe, pois foi nessa língua que Mohammed ouviu as revelações. Dessa forma há para os muçulmanos uma ligação indissociável entre o Alcorão e a língua árabe. Assim as traduções do Alcorão para outras línguas não são consideradas textos sagrados. O Sagrado Alcorão é somente aquele em língua árabe da época em que foi escrito. Mesmo que hoje existam traduções desse texto em centenas de línguas, que, contudo, são apenas versões e não "O Sagrado Alcorão". Quanto aos conteúdos, os textos do Alcorão podem ser divididos em quatro grupos de temas: a) A convicção de fé, como por exemplo, a fé no Deus uno, nos profetas e no seu Enviado, nos anjos, no juízo final; b) As celebrações, ou seja os diversos tipos de rituais, como o da oração diária, do jejum ou da peregrinação a Meca; c) A organização social, especialmente a organização e o direito familiar; d) As normas ético-morais que devem orientar a vida dos fiéis.

Os escritos do Espiritismo

O Espiritismo é uma tradição religiosa onde um conjunto de escritos tem também um papel importante e até de caráter fundamental. Esses escritos têm origem em Allan Kardec, pseudônimo adotado pelo cidadão francês Hippolyte León Denizard Rivail (1804-1869). Esse pedagogo de certo renome passa, em 1856, por uma experiência de comunicação que o atrai: ele conclui que se trata de comunicação de espíritos. Essa experiência vai influenciar e mudar toda a sua vida a partir de então: dedica-se a entender o que é essa comunicação e, sobretudo, a escrever como ela funciona e o que ela comunica. Disso resulta a expressão muito conhecida no meio espírita, de que Allan Kardec foi o "codificador da doutrina espírita". O que ele coloca por escrito não é entendido como mensagem ou revelação divina, nem tampouco como escritos puramente de sua autoria. A origem desses escritos estaria na comunicação dos espíritos, tendo sido Allan Kardec o meio pelo qual eles foram inicialmente compreendidos e postos numa ordem escrita (daí codificação). Embora Kardec tenha escrito inúmeros textos, para a tradição religiosa a ênfase de sua produção recai sobre o chamado pentateuco espírita, quer dizer, os cinco principais tratados doutrinários, conhecidos também como codificação espírita. São eles, por ordem de publicação: O Livro dos Espíritos (1857), O Livro dos Médiuns (1861), O Evangelho segundo o Espiritismo (1864), O Céu e o Inferno ou a Justiça Divina segundo o Espiritismo (1865) e A gênese, os Milagres e as Predições segundo o Espiritismo (1868). Algumas dessas obras conheceram diversas edições durante a vida de Kardec e ele as foi modificando com maior ou menor profundidade conforme entendia ser necessário. Comparando a escritos fundantes de outras tradições religiosas, os da tradição espírita são muito mais recentes e já surgidos no tempo em que se tem uma clareza muito maior da importância do autor e de seu contexto na obra. Entretanto se pode dizer que a tradição espírita acabou interpretando esses escritos cada vez mais como oriundos de "espíritos superiores", dando a eles um caráter atemporal, como são vistos praticamente todos os escritos fundantes de religiões.

O Livro dos Espíritos

Na tradição do Espiritismo há cinco livros que são considerados básicos e fundamentais, o também chamado pentateuco espírita. Todos eles foram escritos por Allan Kardec, ou, como se costuma dizer na tradição espírita, foram por ele codificados. O mais antigo dos cinco, O Livro dos Espíritos, é o texto referencial tanto para os outros escritos como para a própria tradição espírita. Publicado inicialmente em 1857, o texto recebeu correções do próprio Kardec em edições posteriores. Nele constam – segundo o próprio subtítulo atual da obra – os "Princípios da doutrina espírita sobre a imortalidade da alma, a natureza dos espíritos e suas relações com os homens, as leis morais, a vida presente, a vida futura e o porvir da humanidade – segundo os ensinos dados por espíritos superiores com o concurso de diversos médiuns – recebidos e coordenados por Allan Kardec". Nesse subtítulo fica claro o motivo de ser esse o escrito considerado mais importante por essa tradição religiosa, pois ele expõe os princípios da doutrina espírita. Além disso, no próprio texto também fica clara a atribuição da origem do conteúdo: "ensinos dados por espíritos superiores". Nessa expressão aparece por um lado a compreensão de que os Espíritos se comunicam com os seres humanos e por outro lado, que a origem desses escritos especificamente são os Espíritos superiores, dando, pois, autoridade ao seu conteúdo. A Allan Kardec coube receber e coordenar esse conteúdo. Assim sendo, não seria de sua autoria. A ele coube a recepção e a coordenação, embora justamente este subtítulo tivesse sido modificado por Kardec a partir da segunda edição, dado que na primeira constava "Escrito sob o ditado e publicado por ordem de espíritos superiores". Independentemente da formulação, ambas mostram a convicção de Kardec de que esses textos provam tanto a existência de um mundo espiritual, bem como revelam a sua constituição e costumes. Como as comunicações foram dadas por espíritos superiores através de diversos médiuns, isto é, pessoas capazes de receber tais mensagens, coube ao codificador tomar esse material de origens diversas tanto da parte espiritual como da parte de seus mediadores e elaborar um material único, dando uma visão do todo. A força do texto de O Livro dos Espíritos – para essa tradição religiosa –

está justamente nessa sua apresentação de uma visão unificada da doutrina antes dispersa em diversas fontes (espíritos e médiuns).

Os escritos sagrados do Santo Daime: o Hinário do Mestre Irineu

O Santo Daime é uma tradição religiosa nascida no Brasil. Seu iniciador foi Raimundo Irineu Serra (1892-1971), mais conhecido como Mestre Irineu, um maranhense que foi ao Acre para o trabalho de seringueiro e lá suas experiências religiosas deram origem à tradição conhecida pelo nome de Santo Daime, da qual surgiram ao longo do tempo outras ramificações. Nessa tradição religiosa não há um texto propriamente sagrado, mas há textos que podem ser considerados fundantes e têm uma relevância especial. São os chamados hinários. Trata-se de conjuntos de hinos religiosos de diversos mestres fundadores ou iniciadores dessa tradição, recebidos em momentos de experiência religiosa, compostos geralmente de letra e música. O primeiro desses hinários – e por isso o mais conhecido e mais importante do Santo Daime – foi recebido e transmitido pelo próprio Mestre Irineu, chamado de *O Cruzeiro* (ou Hinário Santo Cruzeiro), composto por 129 hinos (poemas e músicas, embora haja alguma divergência na tradição sobre esse número). Também outros mestres têm seus hinários, como o Hinário do Padrinho Sebastião, o Hinário do Padrinho Alfredo, Hinário de Luiz Mendes e tantos outros. Esses hinos são cantados e dançados (bailados) nos rituais religiosos, que compõem um elemento central da celebração religiosa no Daime. O primeiro dos hinos recebidos por Mestre Irineu é intitulado Lua Branca. É um poema de quatro estrofes e um refrão. O hino recebe esse nome a partir de seu primeiro verso: "Deus te salve, ó Lua Branca". Na terceira estrofe a Lua

Branca é identificada como "Virgem da Conceição", mas também chamada no texto do poema de "minha protetora", "flor mais bela", "flor mais delicada", "minha advogada", "estrela do universo". Os daimistas também a chamam de Rainha da Floresta. E o refrão do Hino Lua Branca a descreve assim:

> Ó Mãe divina do coração
> Lá nas alturas onde estás
> Minha Mãe, lá no céu
> Dai-me o perdão.

Os textos sagrados mais difundidos do mundo

Muitas religiões têm escritos que são considerados fundamentais para a sua tradição. A forma como a própria religião os classifica é muito diversificada: há os textos considerados sagrados, há os que são tidos como de autoria da própria divindade, há os que são interpretados como revelados por uma instância transcendente, outros são tidos como inspirados pela divindade, há os que são considerados fundamentais por terem sido escritos por fundadores ou iniciadores de alguma corrente ou tradição religiosa, há ainda os que recebem esse *status* especial por narrarem experiências fundantes de alguma tradição religiosa etc. Muitos desses textos constam entre os mais antigos da humanidade e justamente esse *status* diferenciado fez com que fossem conservados e copiados adiante por milênios (até a invenção da imprensa, que os multiplicou por milhares de cópias). Três desses textos fundamentais de religiões são os mais traduzidos e editados do mundo: a Bíblia da tradição cristã, o Tao Te King da tradição taoista e o Alcorão da tradição muçulmana. Outros são relativamente pouco conhecidos (pelo menos entre nós), como é o caso do Granth Sahib, livro sagrado da tradição religiosa dos Siks (texto que é considerado um guru) e o Avesta, texto sagrado da tradição religiosa dos Pársis ou Masdeístas (tradição religiosa que remonta a Zaratustra). Principalmente nos exemplos dos textos antigos, há três elementos bastante comuns em muitos casos. Um primeiro elemento é o fato de esses textos geralmente não terem uma autoria clara, embora a tradição religiosa no mais das vezes lhes atribua uma autoria. Assim se diz que Lao Tse teria sido o autor do Tao Te King ou que Moisés seria o autor do Pentateuco bíblico. Outro elemento muito comum aos textos sagrados antigos é o fato de eles não terem surgido de uma só vez, como os conhecemos hoje. Em muitos casos o conjunto de textos que se conhece hoje é fruto de um longo desenvolvimento histórico, onde os textos foram sendo reunidos aos poucos até formarem o conjunto atual. Típico exemplo disso são os textos religiosos hindus e os judaico-cristãos. Um terceiro elemento presente em diversos textos considerados fundantes por alguma tradição religiosa é o fato de eles terem sido inicialmente de tradição oral e só mais tarde foram postos por escrito. Nessa linha temos claramente o Alcorão. E há muitas religiões nas quais a fundamentação religiosa não originou algum texto considerado fundante e por isso são chamadas religiões de tradição oral.

7
As religiões e a tradição oral

As religiões de tradição oral

Muitas tradições religiosas não possuem nenhum escrito considerado fundamental ou sagrado. São as chamadas religiões de tradição oral. Essa expressão não quer dizer que não haja escritos nessa religião ou escritores da própria religião que reflitam sobre ela. Nossa cultura é uma cultura da escrita e hoje não há certamente tradição religiosa que não tenha nada escrito. O que se quer dizer aqui com religiões de tradição oral é o fato de existirem religiões que não reconhecem nenhum texto como referência ou fundamento para a sua compreensão de fé. Se não há nenhum texto referencial, onde os membros dessas religiões se baseiam para saber se estão seguindo corretamente a tradição? Essa é uma questão composta por muitos elementos. Queria apontar aqui para dois aspectos pelos quais ocorre a manutenção da tradição nas religiões que não têm escritos sagrados ou básicos. O primeiro aspecto é o papel do indivíduo nessas religiões. Cabe ao indivíduo assumir, carregar e transmitir a tradição. Ela só existe à medida que existem indivíduos no qual essa religião é realidade. Mas tem o indivíduo toda essa capacidade de fidedignidade na transmissão da religião? Isso vai depender muito da trajetória pessoal de cada fiel, mas um elemento bastante comum a essas tradições religiosas é que elas são religiões iniciáticas. Os fiéis vão adentrando no conhecimento da tradição à medida que participam de processos de iniciação que podem ser relativamente longos e durar anos. Esse conhecimento da religião não é tanto teórico ou de estudos intelectuais, mas experiencial. As experiências religiosas individuais são um elemento importante. Certos conhecimentos são tidos como segredos da religião, ou seja, somente conhecidos pela experiência. Quem não experimentou não conhece. O segundo aspecto ao qual quero chamar a atenção aqui nas religiões de tradição oral é a importância central que nelas têm os ritos e os mitos. A participação nos rituais vai introduzindo o fiel na tradição experiencial. E essas experiências são recolhidas e narradas em mitos, contados adiante a partir das experiências. Essas histórias míticas têm uma dupla função: por um lado confirmam a interpretação da experiência individual; por outro, sempre de novo se alimentam das experiências – o vivido é narrado e o narrado é vivido. E assim a religião de tradição oral se mantém e é transmitida.

As religiões de tradição oral no Brasil

Entre as religiões de tradição oral no Brasil estão as religiões afro-brasileiras. Essas religiões, também chamadas de religiões de matriz afro, são aquelas formadas pelos povos trazidos ao Brasil como escravos. Eles trouxeram não apenas sua força de trabalho, mas também suas culturas, suas culinárias, suas músicas, suas línguas, enfim seus costumes e suas religiões. Devido às condições de escravidão às quais essas pessoas foram submetidas, toda a sua rica tradição teve uma continuidade fragmentada no Brasil. No que diz respeito à religião, a continuidade se deu também com adaptações, perdas e influências de outras tradições religiosas como o Cristianismo, o Espiritismo e religiões de povos indígenas. As religiões que se formaram a partir dessas bases são chamadas justamente de religiões afro-brasileiras. Trata-se de muitos grupos religiosos, entre eles a Jurema, o Encantamento, o Batuque, o Xangô... As religiões de matriz afro mais conhecidas e com o maior número de membros são, entretanto, a Umbanda e o Candomblé. O Candomblé, também chamado de a religião dos orixás, é a mais antiga dentre as religiões afro-brasileiras a se estruturar e permanece até hoje. Sua origem africana pode ser localizada no chamado Golfo da Guiné, nos atuais países do Togo, Benin e especialmente da Nigéria. Dessa região foram trazidos ao Brasil, principalmente no final do século XVIII e na primeira metade do século XIX, milhares de pessoas do povo ioruba. Uma parte significativa desses escravos foi trazida para a cidade de Salvador, Bahia. Disso resulta que a maior concentração dos iorubanos no Brasil está nessa cidade. Em Salvador e entorno a tradição iorubana pode ter continuidade. E é justamente em Salvador que irá se organizar a religião do Candomblé. Ali nasceram, no início do século XIX, as mais antigas comunidades de Candomblé que permanecem até hoje. A partir dessa cidade, o Candomblé vai mais tarde se expandir – seguindo especialmente o fluxo migratório de nordestinos – para o Sudeste do país, primeiramente para o Rio de Janeiro e entorno e depois para São Paulo. Hoje a religião do Candomblé se encontra presente praticamente em todo o país. Sua tradição religiosa se mantém e expande seguindo a tradição oral.

O Candomblé

O Candomblé é considerado uma religião de tradição oral, no sentido de não ter nenhum texto reconhecido como fundamento para a religião ou que seja considerado sagrado. Mesmo havendo hoje uma profusão de textos que explicam como funciona essa religião, seus conceitos, sua compreensão de mundo e sua ritualidade, tanto de autores advindos dessa tradição como de outros que a estudam, nenhum desses textos tem o caráter de texto fundante. Os ensinamentos da religião são passados adiante fundamentalmente pelo processo de iniciação, no qual os fiéis vão aprendendo e interpretando a religião à medida que dela participam, especialmente nos rituais. Participar dos rituais é adentrar aos poucos num mundo de significados religiosos, de símbolos, de gestos, de danças, de cores, de músicas, de um linguajar próprio que vai construindo no fiel a compreensão de sua religião. Quanto mais tempo e mais rotineiramente o fiel participa de sua comunidade religiosa, mais ele a compreende. A iniciação não é tanto um processo de aprendizado intelectual, mas sim um processo de aprendizado experiencial. Nesse processo de aprendizado e de transmissão da religião há um elemento bastante importante que são as histórias contadas e aprendidas e passadas adiante. Elas podem ser chamadas de mitos ou lendas, mas na linguagem do povo iorubano – de onde advém o Candomblé – são chamadas de Itã. Há um conjunto de inúmeros Itãs que, por serem contados adiante, conhecem-se geralmente muitas versões de cada Itã. O ponto central, entretanto, não é a exatidão da narrativa, mas o seu significado: os Itãs são as histórias do porquê das coisas. O mundo complexo de significados na religião, desde as coisas de seu cotidiano, passando pelos rituais, até a compreensão das divindades, tem seu porquê explicado em algum Itã. Assim, é comum que, quando se pergunta pelo porquê de algo dentro da religião, a resposta não está numa explicação do conteúdo, nem na demonstração de seu surgimento histórico ou na explicitação da função de tal coisa perguntada. As respostas pelo porquê das coisas estão nos Itãs. Assim se diz, por exemplo, que filhos de Oxalá devem evitar o consumo de vinho. Por quê? Conta-se através de um Itã a origem dessa recomendação.

A Umbanda

A Umbanda é uma religião afro-brasileira de tradição oral. Nela não há nenhum texto que seja considerado sagrado ou de referência fundamental que sirva de base para a religião; embora haja muitos textos escritos sobre essa tradição, tanto de escritores dela advindos como de estudiosos do tema. Ao lado do Candomblé – e de outras tantas religiões –, a Umbanda também é uma tradição iniciática, isto é, as pessoas se tornam membros dela por um processo de iniciação. Através dos rituais e das experiências desse processo, bem como das conversas com quem os conduz, é que acontece o aprendizado da religião. O surgimento da Umbanda está ligado à vinda ao Brasil de tradições religiosas africanas no período da escravidão. A sobrevivência e reorganização dessas tradições religiosas no Brasil ocorrem de forma bastante diversificada, tanto do ponto de vista do momento histórico como da região onde isso ocorreu. Se o Candomblé é uma religião que se formou a partir de uma grande influência dos iorubanos, a Umbanda tem em sua formação uma trajetória mais complexa. Há uma base formada por compreensões religiosas trazidas de culturas mais ao Sul do continente africano, há influência da tradição iorubana, mas há também influência da tradição cristã católica, de tradições de religiões indígenas, da tradição espírita etc. Assim, a tradição religiosa que recebe o nome de Umbanda é bastante diversificada, dependendo das tradições religiosas que a influenciaram em determinada região. Há quem defenda que se deva falar mais apropriadamente de Umbandas, no plural, e não de Umbanda, dada a grande diversidade de tradições que são englobadas por esse nome. Na base das Umbandas estão tradições religiosas que foram aos poucos recolhendo a reorganização e sobrevivência das religiões de matriz afro na realidade brasileira e que adotarão paulatinamente esse nome. Tal processo ocorre especialmente no Sudeste do Brasil, de um modo especial na cidade do Rio de Janeiro e seu entorno, bem como em São Paulo e seu entorno. Diversos grupos religiosos tinham anteriormente outros nomes como, por exemplo, macumba ou cabula. Se, por um lado, o nome Umbanda foi adotado por grupos diversos, sendo essa tradição religiosa plural já desde sua origem, os múltiplos processos de expansão dessas tradições pelo Brasil afora deram continuidade a tal diversificação, de modo que se pode afirmar que a tradição da Umbanda é marcada por um processo muito dinâmico até os dias de hoje.

A Umbanda e suas narrativas

A tradição religiosa conhecida atualmente pelo nome de Umbanda formou-se no Brasil a partir de diversas influências religiosas, tanto de origens africanas quanto de origens cristãs como o Catolicismo ou o Espiritismo e em parte também de religiões indígenas. Por se tratar de um sistema religioso bastante dinâmico, a Umbanda (ou as Umbandas, por serem muito diversificadas) está num processo contínuo de influências, de tal forma que se pode dizer que ela está aberta continuamente a receber novas influências. Ao mesmo tempo, a Umbanda dá continuidade a algumas influências históricas, como, por exemplo, as ideias de mediunidade e de desenvolvimento dos espíritos, advindas da tradição espírita;

a crença num Deus supremo e a importância da prática da caridade, advindas da tradição cristã; e a concepção da existência de um mundo invisível, com o qual se pode entrar em contato, formado, sobretudo, pela chamada ancestralidade. Essas duas concepções são oriundas do pensamento africano. A tradição umbandista elaborou e personificou figuras da ancestralidade, chamadas comumente de entidades. Dentre elas, as mais conhecidas são os pretos-velhos, os caboclos e os exus (e sua versão feminina, as pombagiras). Essas entidades são nomes genéricos que conhecem no culto uma grande diversificação. Suas histórias, suas formas de rituais, seus gestuais, sua manifestação, suas funções são passadas adiante de geração em geração de fiéis, não havendo um padrão único, pelo fato de serem tradições orais e estas estão sempre referenciadas a pessoas concretas e não a algum texto-fonte. Mas esses três tipos de entidades representam de certa forma também grandes tradições diferentes de sabedoria no imaginário da Umbanda. Assim os pretos-velhos representam a ancestralidade da tradição sapiencial africana trazida ao Brasil pelos escravos; os caboclos representam a força da tradição dos ancestrais deste país, os chamados índios; e os exus e pombagiras representam a ancestralidade africana e sua força. Ao acessar ritualmente essa ancestralidade e cultuá-la, a Umbanda – mesmo sendo uma organização religiosa relativamente recente – reporta-se a tradições religiosas muito antigas, as mantém e atualiza permanentemente.

8
Os fundadores de religiões

Fundadores de religiões

Quem fundou as religiões? Muitas religiões não guardaram a memória antiga de alguma figura fundadora. Outras, entretanto, assim o fizeram, guardando a memória de um fundador ou fundadora, mesmo que essa figura possa estar muitas vezes envolta em narrativas que se formaram posteriormente. Dificilmente essa pessoa teria fundado a religião totalmente a partir de suas próprias ideias. O que geralmente ocorre é a figura de uma liderança carismática que, a partir de sua experiência religiosa, suas descobertas religiosas ou então de sua proposta de vida, vai aglutinar ao redor de si pessoas que a seguem e desse movimento nasce uma nova forma de entender, interpretar ou viver tradições religiosas que já existiam. Assim, uma religião dificilmente nasce do nada, mas é geralmente uma nova forma de se compreender a tradição. Nessa linha de pensamento, uma das mais antigas personalidades que podem ser consideradas fundadoras de religião é o faraó egípcio Amenófis IV, da 18ª dinastia dos faraós. Teria assumido o trono egípcio no ano 1364 antes da contagem comum e tomara como esposa Nefertiti, uma mulher que não era de linhagem real. No Egito antigo, o culto ao Deus-sol, chamado de Amon, era bastante difundido e conhecia formas diferentes. O faraó, por algum motivo religioso não tão claro até hoje, resolve proclamar o culto a um Deus único, Aton, que é o disco solar. Dele provém toda a energia da existência e somente a ele se deve prestar culto. Esse teria sido o experimento monoteísta mais antigo que conhecemos. O próprio faraó muda de nome e passa a se chamar Akhenaton, o querido de Aton. Embora o Egito tivesse diversas cidades-santuários, o faraó faz um gigante empreendimento construindo uma nova cidade como capital do império e central religiosa, chamada de Akhet-aton (o horizonte de Aton). O faraó não se preocupava tanto com guerras e ao invés de incursões militares contra seus vizinhos, enviava cartas sobre o seu Deus. Teve seis filhas com sua esposa, e deixava-se retratar em público na companhia amorosa de esposa e filhas. O culto a Aton incentivava uma vida ligada à natureza, tendo do Deus Aton a energia vital. Recebeu com isso severa oposição dos sacerdotes tradicionais, que unidos aos comandantes militares tiraram-lhe o poder, e não é claro o fim de seu governo (1347 a.C.). Seu sucessor foi um jovem, Tutancaton, que mudaria seu nome para Tutancâmon, em uma clara volta religiosa ao culto anterior. O império tentou excluir toda e qualquer memória ao faraó Akhenaton, conhecido muitas vezes apenas como o faraó herege. Estudos recentes estão, entretanto, redescobrindo esse faraó e seu experimento religioso monoteísta.

Akhenaton

O faraó egípcio Akhenaton (1364-1347 a.C.) é um dos mais antigos fundadores de religião de que temos conhecimento. Embora não tenhamos muitas informações da religião por ele fundada, alguns elementos interessantes têm sido descobertos pela arqueologia. O próprio fundador havia adotado esse nome por motivos religiosos, pois Akhenaton significa "o querido de Aton" ou "o brilho de Aton". Ele entende ser Aton – o disco solar – a divindade única da qual provém toda a força que sustenta a existência. Muitas das representações dessa divindade trazem Aton com o disco solar ao centro, do qual saem os raios de luz que, com mãos nas extremidades, tocam o faraó, sua família, os seres humanos e todas as coisas. Pelo que se apreende dos achados arqueológicos, nessa religião o culto a Aton formava o centro de tudo. No túmulo de um dos contemporâneos de Akhenaton foi encontrado um longo Hino ao Sol, do qual se pode depreender algo da teologia dessa religião. Ali se lê, por exemplo: "És belo, grande, cintilante, alto sobre todas as terras. Teus raios dominam tudo que hás criado. És rei, e tudo levas cativo; tudo unes com teu amor. Embora sejas tão distante, teus raios estão sobre a terra; Embora estejas tão alto, tuas pegadas são o dia". O faraó construiu inclusive uma cidade religiosa apropriada ao culto a Aton. Nela as construções foram feitas de tal forma que desde a aurora até o anoitecer, os raios de sol fossem penetrando e banhando todas as construções, do caminho ao templo central até as últimas casas ali erigidas. Como se trata de uma cidade construída no deserto, lugar de raras chuvas, havia construções sem teto, para que a própria divindade – com seus raios – pudesse entrar nas casas. No Hino ao Sol também se lê: "Quão variadas são tuas obras! Elas se escondem diante de nós; Ó deus único, de poderes que ninguém mais tem! Tu criaste a terra conforme teu coração; Enquanto estavas só: Homens, todo gado pequeno e grande; tudo o que existe sobre a terra; que caminha com seus pés; tudo que está no alto; que voa com suas asas. Os países de longe, a Síria e Kush; a terra do Egito; tu pões cada homem em seu lugar; tu lhes supres as necessidades". Também se entende nesse hino que o movimento do sol (Aton) é quem dita o ritmo da existência; assim, quando o sol se põe, tudo fica inerte; quando o sol se levanta, a terra brilha novamente e tudo se levanta e se movimenta.

Os patriarcas do Judaísmo

A tradição religiosa judaica não atribui a uma única pessoa o início ou fundação da religião. Há figuras às quais são atribuídos papéis fundantes; entre elas os patriarcas Abraão, Isaac e Jacó. Mas se formos procurar uma figura à qual o Judaísmo posterior vai atribuir um papel estruturador fundamental da religião, essa é a pessoa de Moisés. Moisés é sem dúvida o fundador do Judaísmo, não no sentido de iniciador dessa tradição, mas sim no sentido de que a própria tradição religiosa judaica atribui a ele o papel de ter congregado aquela tradição de fé e dado a ela uma estrutura tanto cultual como teológica e organizacional sem a qual não se pode entender o Judaísmo posterior. Historicamente que dados se poderia atribuir a Moisés? É muito difícil de saber, pois as fontes de informações disponíveis, sobretudo os textos bíblicos e outros deles dependentes, são de redação muito posterior. Teria ele vivido pelo século XII ou XIII antes da contagem comum, e comparativamente a outras pessoas de seu tempo, temos sobre Moisés muitos indícios que apontam para sua existência histórica. Em torno dessa figura histórica, a tradição colocou muitas narrativas; mas é pouco provável que de narrativas se tenha inventado uma figura histórica. O mais provável é justamente que em torno de uma figura histórica se tenham criado narrativas. E certamente isto ocorreu com Moisés: ter sido uma liderança religiosa importante, na qual a tradição vê elementos fundantes de sua fé. Nessa linha, há elementos-chave para a figura de Moisés. Recordo aqui somente quatro deles. O primeiro a experiência de Deus no deserto, na sarça que queima e não se consome. A partir dessa experiência, Moisés vai assumir e entender a sua tarefa religiosa de líder: ser um enviado de Deus ("Vai que eu te envio"). O segundo elemento é justamente a execução de sua tarefa religiosa proposta na experiência: a libertação do seu povo da escravidão do Egito. Saído do Egito, Moisés conduz o povo pelo deserto em busca da Terra Prometida, e este pode ser considerado o terceiro elemento-chave para a trajetória dessa figura: a condução do povo, embora não tenha ele mesmo entrado nesta Terra. Na travessia do deserto acontece um quarto elemento-chave para Moisés: a experiência de Deus no alto do Monte Sinai e a dádiva da Lei. A tradição narra que a revelação da Lei de Deus se dá a Moisés, que a comunica ao povo. E essa Lei é a base teológica, ritual e organizacional da religião judaica.

Moisés

O Judaísmo vê em Moisés uma figura fundadora de sua tradição religiosa. Essa atribuição não pode ser entendida, entretanto, como a entenderíamos hoje, onde fundador é praticamente sinônimo de iniciador, aquele ou aquela que toma a iniciativa de um novo empreendimento. Moisés não é o iniciador dessa tradição religiosa, no sentido estritamente histórico. Mas é fundador no sentido de que não é possível entender o Judaísmo prescindindo de Moisés. Essa atribuição fundante à figura de Moisés está ligada tanto à narrativa de seus feitos como principalmente à atribuição que se faz a ele de autoria dos cinco primeiros livros sagrados da tradição judaica, a chamada Torá, que significa Lei. Esse conjunto de escritos, também conhecido como Pentateuco (cinco livros), tem uma importância fundamental para o Judaísmo. Nele estão tanto narrativas mitológicas sobre o início dos tempos (a criação do mundo e do ser humano, p. ex.) como elementos históricos da formação desse povo e de sua religião, bem como indicações sobre a convivência e os costumes. Como diz a palavra "Torá" (Lei), é parte imprescindível desses textos-compilações de legislação sobre os mais diversos temas: sobre propriedade, sobre colheitas, sobre famílias e de um modo muito especial as regras religiosas: preceitos rituais e de comportamento religioso, os chamados mandamentos. Ao se atribuir isso a Moisés, coloca-se nele a autoridade organizadora ou estruturadora da religião. É também na Torá que estão os textos definidores para a própria compreensão de Deus na religião judaica. Moisés é o profeta intermediador entre a divindade e o povo. O maior dos profetas. Assim consta na própria Torá, no final do livro do Deuteronômio, após se narrar a morte de Moisés: "Não voltou a surgir em Israel profeta semelhante a Moisés, com quem o Senhor tratasse face a face". Assim, para o povo de Israel, Moisés foi tanto quem transmitiu a vontade e as instruções do Senhor Deus aos israelitas como aquele que organizou o povo de Deus justamente conforme a vontade divina. E é por isso que se deve ver nele a figura fundadora por excelência da religião judaica, e não por algum fato ou iniciativa histórica a seu respeito que se possa comprovar.

Zaratustra

Entre os personagens apontados como fundadores de alguma tradição religiosa nos tempos antigos há uma figura cujo nome é relativamente conhecido, mas sobre o qual pouco se sabe. Trata-se da figura de Zaratustra. Primeiramente é preciso esclarecer que esse Zaratustra, fundador de religião, não é o mesmo personagem da obra do filósofo alemão Nietzsche, no livro intitulado *Assim falava Zaratustra*, embora o filósofo alemão possa – quem sabe – tê-lo tomado como inspirador. A religião, cuja fundação se atribui a Zaratustra, é muitas vezes chamada de Zoroastrismo, pelo fato de que os gregos antigos o chamavam de Zoroastro. Essa tradição religiosa sobrevive até hoje em grupos na Índia, onde são conhecidos como Pársis, e no Irã, onde a religião é também chamada de Masdeísmo. Sobre o lugar onde teria vivido Zaratustra, a hipótese mais provável é que tenha sido na parte oriental do atual Irã, onde teria também iniciado sua proposta religiosa. Já sobre a época em que teria vivido não há muita clareza, dado que sua religião pode ter ficado por muito tempo restrita a um pequeno grupo de pessoas e se tornado conhecida somente mais tarde. O mais tardar, teria vivido Zaratustra no século VI antes da contagem comum, pois quando da formação do Império dos Aquemênidas, a religião de Zaratustra passou a ter grande influência no império. Há quem opine, entretanto, que essa religião já existia há muitos séculos, podendo seu fundador ter vivido inclusive até no século XV antes da contagem comum. Praticamente tudo o que se sabe a respeito desse personagem tem origem no Avesta, livro a ele atribuído e do qual são conhecidas apenas algumas partes – já que um tanto de seu conteúdo se perdeu ao longo da história. Parte desse texto era composta de hinos, os chamados Gathas, dos quais também diversos são conhecidos. Desses escritos se pode perceber as questões religiosas que moveram Zaratustra. Um dos elementos importantes é o fim do sacrifício cruento de animais aos deuses. Numa chamada "visão em sonho", Zaratustra recebe de Ahura Mazda, a divindade, a revelação de que se pode fazer sacrifícios incruentos. Passa então a defender uma religião não sacrificial, mas sim ética. Este é um dos principais legados de Zaratustra: a religião como prática ética e não como prática sacrificial.

A experiência de Zaratustra

Zaratustra, o fundador da religião chamada de Zoroastrismo na Antiguidade e que sobrevive até hoje nas tradições religiosas chamadas de Pársis (na Índia) ou Masdeísmo no Irã, é um personagem sobre o qual relativamente pouco se sabe da época em que viveu. Como as experiências religiosas a ele atribuídas foram postas por escrito no Avesta, do qual nem tudo resistiu ao tempo, mas o suficiente para entender sua trajetória religiosa, é possível conhecer as temáticas que moveram Zaratustra. As suas experiências religiosas são chamadas de "visão em sonho". Por elas se percebe uma proposta religiosa que vai fazer com que Zaratustra seja considerado fundador de uma nova religião, embora isso possa ser visto também como uma reforma na sua religião. Os temas principais que parecem ter movido Zaratustra é o combate à religião sacrificial (fim do sacrifício cruento de animais aos deuses) e a proposta de uma religião ética. Numa "visão em sonho", teria Zaratustra recebido uma revelação fundamental para sua religião: a existência de duas forças originais e opostas que dirigem toda a existência. Uma dessas forças é chamada de Espírito Santo e a outra – que lhe é oposta – de Espírito Mau. Assim o revelou Ahura Mazda, o Senhor Sábio, divindade importante de sua tradição religiosa. A força Espírito Santo é acompanhada por outras seis forças benéficas, que podem ser traduzidas como: Reta Intenção (ou Bom Pensamento), Boa Devoção, Governo Desejável (ou Reino), Obediência (ou Verdade Perfeita), Recompensa e Salvação (ou Plenitude e Imortalidade). A tais forças se opõem o Espírito Mau e seu séquito de forças. O Espírito Mau é por vezes personificado na figura de Ahriman e como tal opositor do Senhor Sábio, Ahura Mazda. Na existência humana essas duas forças estão presentes e em luta. E cabe a cada qual a escolha. Ao final haverá um juízo que acontecerá a partir do critério da prática da Justiça ou Retidão. Por esses poucos elementos vê-se claramente que a questão ética é o fio condutor da mensagem de Zaratustra. Embora sua religião tenha sobrevivido em termos de número de fiéis apenas em pequenos grupos, as ideias religiosas de Zaratustra influenciaram bastante o Judaísmo e, por ele, o Cristianismo e o Islã. Assim, essas tradições devem a Zaratustra boa parte de suas compreensões teológicas sobre o destino pós-morte, o juízo final, a ressurreição e o paraíso.

Lao Tse

A tradição diz que um dos grandes sistemas religiosos da China, o Taoismo, teria sido fundado por Lao Tse (tb. chamado de Laozi, Lao Tsu ou Lao Tzu). Há discussões sobre quando teria ele vivido se é que existiu. As discussões sobre a época em que teria vivido vão de suposições desde o século VI ou V até outras que o colocam no século III ou II antes da contagem comum. As datações mais antigas provêm de narrativas que o colocam como contemporâneo de Confúcio. E sobre este, as datas são mais seguras e conhecidas. As datações mais recentes provêm de estudos históricos, a partir dos quais se infere que não há qualquer referência escrita a ele anterior ao século II antes da contagem comum. Mas há quem duvide de sua existência histórica, dado que Lao Tse significaria "velho mestre", o que dá margem à suposição de que a referência a ele seria mais uma referência a mestres antigos do que a alguma figura efetivamente histórica. Mas como a tradição sabe tudo, ela conta que Lao Tse trabalhava como arquivista do palácio de sua aldeia, no Estado de Ch'u, no Sul da China. Num belo dia teria ele abandonado o palácio e sua função de arquivista. Segundo a lenda, rumou para o interior e, ao cruzar a fronteira, o guarda – Yin Hsi – disse: "Já que vai de retiro, peço que escreva um livro para mim". Lao-Tse teria escrito o Tao Te Ching (Livro do Caminho e da Virtude). Depois disso teria desaparecido no anonimato. Mas como a tradição tudo sabe, sabe-se que ele – por seu modo perfeito de vida – teria vivido até 87 anos ou até 160 ou até 200 inclusive. Em outra narrativa antiga, o mestre Lao Tse teria sido procurado por Confúcio, que lhe pedira conselhos. Este o teria admoestado a abandonar o orgulho, a cobiça, as ambições e a viver de uma maneira simples. Depois disso, o próprio Confúcio teria mudado de vida. Quem recolheu essas narrativas foi o historiador chinês Sse-ma Ch'ien, que escreveu pelos anos 100 antes da contagem comum, uma obra intitulada Apontamentos Históricos. Independentemente da discussão sobre a historicidade destes acontecimentos ali narrados, é importante perceber que eles trazem uma proposta filosófico-religiosa que é fundamental para o Taoismo: a de uma vida simples e próxima à forma natural.

A proposta de Lao Tse

A Lao Tse, tido como o fundador do Taoismo, se atribuem os ensinamentos básicos dessa tradição religiosa. Ele os teria não só ensinado, mas, sobretudo, vivido, e a essa forma de vida a tradição atribui sua longevidade: em algumas narrativas teria ele vivido até 200 anos. Vivendo na China antiga, em séculos antes de Cristo, Lao Tse teria abandonado sua função de arquivista do palácio e passado a viver num lugar retirado. A tradição atribui a ele diversos detalhes, como, por exemplo, o sobrenome Li (Ameixeira), muito comum a famílias chinesas. Em outra narrativa, ele teria nascido após uma gestação de 72 anos, o que explica o seu nome, pois Lao Tse pode ser traduzido tanto como "a velha criança" como "o velho mestre". Ele também teria tido um nome pessoal, Er, e por apelido Dan. Ambas as palavras se referem a orelhas compridas, o que no mundo chinês era sinal de sabedoria. Por esses poucos detalhes se pode já perceber como a tradição construiu elementos em torno de um personagem, de cuja historicidade pouco se sabe. Ao lado de narrativas sobre sua pessoa, a tradição atribui a Lao Tse o ensinamento de conceitos fundamentais para o Taoismo. Um deles é o chamado Wuwei, que pode ser traduzido como não agir, ou não ação ou também não intervenção. A existência de todas as coisas do mundo e do próprio ser humano tem um caminho que lhe é próprio, que poderia ser chamado de caminho natural, de forma natural de ser. Este é chamado de Tao (ou Dao). Para o ser humano, o ideal é buscar e viver conforme este caminho. Tudo o que for feito contra esse caminho está fadado a dar errado: "O que é contra o Tao deixará de existir", afirma Lao Tse. Não agir significa, nesse contexto, procurar simplesmente o caminho natural das coisas, não impor ações. Ele usa como exemplo a água: ela não se impõe, busca o seu curso adaptando-se a cada superfície, parecendo frágil e fraca, "mas nada pode tomar seu lugar". Por aí se vê que "a fraqueza vence a força e a flexibilidade vence a dureza". O não agir se traduz então não em mera passividade, mas no agir perfeito, que conduz as coisas ao caminho natural (ou ao caminho certo) sem nada impor. Qualquer ação imposta deverá fazer um esforço permanente para se manter; o que não se sustenta para sempre. A ação não imposta (o não agir) permanece por si mesma, por ser esse seu caminho natural. É isso que Lao Tse buscou ao deixar a função de arquivista do palácio.

Confúcio

O grande fundador intelectual e cultural do mundo chinês é sem dúvida Confúcio. A ele se atribui grande parte dos fundamentos da identidade cultural e de costumes da China, embora ele mesmo tenha dito que só transmitiu os conhecimentos antigos e não criou nada de novo. A essa figura se atribui também a fundação da tradição religiosa do Confucionismo, que pouco se expandiu para além da China por se confundir em parte com o próprio modo de ser e de pensar chinês. Os conhecimentos por ele recolhidos e transmitidos sobrevivem até os dias de hoje, cerca de 2.500 anos após sua atuação, formando um dos maiores fenômenos culturais da história. O nome Confúcio é uma latinização feita pelos missionários jesuítas do século XVI, a partir da designação chinesa *Kongfuzi* (Mestre Kong), cujo nome teria sido Kong Ch'iu. Diz a tradição que ele teria vivido de 551 a 479 antes da contagem comum (72 anos), no condado de Lu (localizado na atual província chinesa de Shandong), onde era engajado na administração pública e vida política, tendo assumido diversas funções, inclusive a de ministro da justiça. Conta a lenda que Confúcio, quando tinha a idade de 50 anos, decepcionado com o mau governo que fazia seu soberano, abandonou não apenas suas funções, mas deixou inclusive sua terra natal. Teria ele passado a oferecer seus serviços e conselhos aos soberanos de outros principados. Essa empreitada não teve muito êxito, e após perambular por doze anos, Confúcio volta à sua terra natal, o condado de Lu. Ali teria dedicado o resto de sua vida ao ensino. Como ele mesmo diz que não criara nada de novo, mas transmitia os conhecimentos antigos, Confúcio recolhe textos da tradição de conhecimentos e costumes da época e os reinterpreta em sentido ético e educativo. Se sua vida fora marcada anteriormente pela decepção na atividade política, seja na sua terra natal, seja na prestação de serviço a outros soberanos, a atividade ensino será coberta de êxito e Confúcio receberá um número cada vez maior de discípulos que com ele querem aprender os valores da tradição. Vivendo num tempo de decadência do Império Chinês, muitos soberanos irão enviar seus filhos para aprender a tradição e os costumes com o Mestre Kong. Assim, a tradição dos costumes e da ética por ele recolhida e ensinada passa a influenciar aos poucos todo o mundo chinês.

A herança de Confúcio

Confúcio, o maior mestre da cultura chinesa e a quem a tradição atribui a fundação do sistema religioso que leva seu nome – o Confucionismo – deve sua influência não a feitos de governo ou a revelações, mas à escola que fundou. Já durante a vida do mestre, essa escola formou milhares de jovens, sobretudo da aristocracia dos mais diversos ducados do grande Império Chinês. E depois de sua morte, continuou ela com essa tarefa por muitos séculos, marcando a cultura chinesa até os dias de hoje. O próprio Confúcio se entende como alguém que sempre aprendeu. Seus discípulos recolheram dele esta fala: "Aos quinze anos resolvi aprender. Aos trinta, eu estava firme no Caminho. Aos quarenta, eu não tinha nenhuma dúvida. Aos cinquenta, eu conhecia o decreto do Céu. Aos sessenta, eu tinha um ouvido perfeitamente afinado. Aos setenta, eu agia segundo os desejos de meu coração, sem por isso transgredir norma alguma". Em sua escola, Confúcio não ensinava coisas novas, mas sim a tradição ético-religiosa antiga. Para isso, ele recolhera os escritos já existentes nas diversas partes da China e os ensinava aos alunos. O grande objetivo do aprendizado é formar pessoas capazes de agir de tal forma que aconteça Jen (ou Ren), que pode ser traduzido como humanidade. Jen é a grande virtude do Confucionismo. E esta é fruto das relações humanas. Se as pessoas souberem se relacionar corretamente, haverá humanidade. Cinco são as relações básicas entre as pessoas e a partir delas se constroem todas as outras: dos governantes para com os governados; dos esposos para com as esposas; dos pais para com os filhos;

dos irmãos mais velhos para com os irmãos mais novos; e a relação entre amigos. Todas essas relações são hierárquicas, com exceção da entre amigos, de tal forma que governados devem obedecer aos governantes, esposas aos esposos etc., mas todas as relações devem ser fonte de Jen. Para Confúcio, isso funciona em todos os níveis, pois a lógica que gera humanidade nas relações entre irmãos, por exemplo, é a mesma que gera humanidade no todo. Esse é o Caminho. E essa ordem é uma ordem celeste, pois foi o Céu (*Tien*) que assim determinou. A cultura confucionista confia na natureza moral do ser humano, pois entende que essa ordem ético-religiosa não precisa ser ensinada: cada qual sabe naturalmente qual é o seu lugar em cada ocasião (onde é pai ou mãe, onde é filha ou filho, onde é irmã ou irmão etc.). Se cada qual se comportar como sua natureza, toda a sociedade produzirá humanidade. Essa é a grande revolução ético-religiosa de Confúcio.

Siddhartha Gautama

A fundação da tradição religiosa do Budismo está ligada à figura história de Siddhartha Gautama. Sobre essa figura histórica não se sabe tantos dados, mas o suficiente para afirmar sua existência histórica. A tradição encarregou-se de manter uma série de histórias em torno dele e sua experiência religiosa da qual surgiu o Budismo. Siddhartha Gautama nasceu por volta do ano de 560 antes da contagem comum em Kapilavastu, no Nordeste da Índia, aos pés do Himalaia, onde hoje fica a fronteira com o Nepal. Era da casta dos guerreiros e nobres, do clã dos Sakya. Sua família governava o pequeno reinado. Quando do seu nascimento um profeta teria anunciado ao rei, seu pai, que o menino iria tornar-se um religioso e que a visão de quatro sinais iria ser decisiva em sua opção pela vida religiosa: um ancião, um enfermo, um cadáver e um pobre monge mendigo. Segundo a profecia, após ver esses sinais, o Príncipe Siddhartha mudaria de vida. O menino foi educado no palácio e seu pai tomava todos os cuidados para que ele não seguisse a carreira religiosa e, sobretudo, não encontrasse com um dos sinais anunciados. Casou-se aos 16 anos de idade (ou aos 19 segundo outra tradição), teve um filho (chamado Rahula, segundo a tradição). Conta-se que um dia o príncipe exprimiu o desejo de passear. No primeiro passeio, viu um ancião, todo curvado e andando apoiado em seu cajado. Perguntou ao cocheiro de que se tratava. Ele explicou que a juventude do ser humano passa para dar lugar à velhice. Isso chocou o príncipe. No outro dia, durante o passeio, viu um doente, muito fraco e febril. O cocheiro lhe explica que a saúde é algo que pode ser abalada, que existe a doença. Isso toca profundamente o príncipe. Em um terceiro passeio, Siddhartha encontra um cortejo fúnebre: um corpo deitado e muitas pessoas chorando em volta. O cocheiro explica que choram porque nunca mais veriam com vida aquela pessoa. Ao ser confrontado com a realidade de que a juventude é passageira e dá lugar à velhice, que a saúde é efêmera e pode ser destruída pela doença e que a vida termina para dar lugar à morte, Siddhartha decide-se por buscar um caminho que o liberte desse destino triste. Mas qual o caminho a ser seguido? Num último passeio, ele encontra um monge pobre e mendigo, mas de semblante calmo, sereno e feliz. E pensa consigo: "Esse homem deve ter encontrado a resposta". A partir dessa visão, quando tinha 29 anos, Siddhartha abandona o palácio para abraçar a vida de eremita ascético, em busca da verdade que o liberte.

Siddhartha Gautama, o Buda

A tradição religiosa do Budismo nasce a partir da trajetória de busca pela verdade feita por Siddhartha Gautama. Nascido na Índia no século VI antes da contagem comum, filho de uma família nobre, Siddhartha irá abandonar o palácio e a família para buscar resposta à sua inquietação. Diz a história que essa mudança radical de vida ocorreu após ele ver quatro sinais: um idoso, um doente, um morto e um monge mendigo com um semblante feliz. Dentro da compreensão religiosa de seu contexto que acredita nos ciclos de reencarnação, Siddhartha entende que é preciso encontrar uma maneira de sair do destino eterno do nascer, crescer, envelhecer, adoecer e morrer. Na busca pela resposta à sua questão existencial, as narrativas dão conta de que o jovem passou seis anos seguindo diversos mestres (gurus) e suas práticas religiosas. Não tendo encontrado ali resposta, ele mesmo se recolhe a uma vida ascética de eremita. Teria feito inclusive cinco discípulos nessa forma de vida. Cansado, entretanto, de jejuns que não o levaram à resposta de sua questão, abandona a vida de ascese, vindo a escandalizar seus discípulos. Teria ele então se sentado aos pés de uma árvore e prometido que dali não se levantaria enquanto não obtivesse a resposta à sua pergunta pelo mecanismo existencial que gera e mantém o contínuo retorno. Em meio à meditação, Siddhartha desperta para a verdade. A partir de então é chamado de Buda, que quer dizer "o desperto" ou "aquele que despertou". Ele despertou para as chamadas quatro nobres verdades sobre a existência: A existência é sofrimento pela sua inconstância; a origem desse sofrimento está no desejo; a superação dele está na aniquilação do desejo e o caminho que leva à extinção do desejo é composto de oito elementos (chamado de Nobre Caminho Óctuplo). Os oito elementos desse caminho podem ser assim expressos: a palavra correta; a ação correta; o meio de subsistência correto; o esforço correto; a atenção correta; a concentração correta; a compreensão correta e o pensamento correto. Siddhartha Gautama – o Buda – teria passado o resto de sua vida pregando o que descobrira, fazendo muitos discípulos (a começar pelos cinco que o teriam abandonado) e fundando muitas comunidades. Diz a tradição que veio a falecer com mais de 80 anos de idade, numa noite de lua cheia, rodeado por discípulos lacrimosos.

Jesus

Entre os fundadores de religiões, Jesus é sem sombra de dúvida o mais conhecido entre nós. E por ser o mais conhecido, é também certamente aquele sobre o qual se conhece o maior número de interpretações, onde muitas vezes se confunde sua pessoa com a interpretação posterior que se fez e se continua fazendo a respeito dele. A mais conhecida e difundida interpretação sobre Jesus é ser ele o Cristo. Dessa forma, a expressão "Jesus Cristo" é por vezes confundida como se fosse o seu nome histórico, quando Jesus é o nome e Cristo é o título que lhe foi atribuído; trata-se de um termo de origem grega que significa "ungido" ou então "messias", quando se usa o termo hebraico. As fontes de informações mais antigas que temos sobre Jesus são os evangelhos, que mesmo tendo sido escritos mais de 40 anos após sua morte, transmitem muitos elementos sobre sua atuação. Os evangelhos não foram escritos, porém, com um interesse biográfico e por isso não trazem tantas informações sobre a vida de Jesus e muito mais sobre sua pregação. Sobre o local de seu nascimento há tanto a possibilidade de se pensar em Belém (na Judeia) como também em Nazaré (na Galileia), onde é mais provável que tenha passado sua infância e juventude. Ambas as cidades estão sob o domínio do Império Romano, que havia tomado a região no ano 63 antes da contagem comum. Sobre a sua infância e juventude pouco se sabe. De forma indireta se pode inferir que cresceu em ambiente rural, pois Jesus usa muitas parábolas em sua pregação. Parábolas são histórias que tiram lições ou ensinamentos a partir de situações da vida. Nelas, Jesus usa muitas vezes histórias com situações do campo, da plantação ou da lida com as ovelhas. Isso mostra que ele conhecia de perto essa forma de vida, levando-nos a supor que tenha atuado nesse tipo de ambiente. Também há situações que falam do mar e de pesca, sempre em referência ao Mar da Galileia ou Lago de Genesaré, o que leva a supor alguma atuação dele nesse contexto. A importância que Jesus ganhou se deve à sua ação pública já como adulto. Diz a tradição que com cerca de 30 anos de idade, teria sido batizado no Rio Jordão por seu primo João o Batista. A partir disso inicia uma jornada de ação e pregação religiosa, que vai culminar na condenação à cruz por parte dos romanos. O julgamento e execução da pena ocorrem em Jerusalém, a capital da Judeia, onde foi, pois, morto e sepultado.

Jesus o Cristo

Jesus, o fundador do Cristianismo, teve uma vida de pregação e ação religiosa muito curta. Segundo a tradição teria durado no máximo três anos. Começa sua vida de pregador pelos 30 anos de idade, após ter sido batizado no Rio Jordão. Não há muitas informações sobre o batismo dado que este não era um ritual da religião dos judeus. João o Batista, que realizou esse ritual, era líder de um movimento que pregava a mudança de vida, a conversão. Jesus, após esse ritual e – segundo a tradição – ter passado por tentações, inicia um movimento religioso em torno do qual se reúnem discípulos. Os evangelhos, textos escritos anos após a sua morte, vão narrar principalmente dois tipos de atividades de Jesus: pregações e curas. Nas pregações, Jesus irá se utilizar frequentemente de um estilo chamado *parábola*, isto é, histórias que partem de situações cotidianas e tiram delas lições para a vida. Os evangelhos também irão narrar diversas curas ou sinais feitos por Jesus a pessoas que o procuravam ou com as quais ele se encontrava casualmente. Jesus, no entanto, não era sacerdote, nem tinha qualquer cargo hierárquico na religião judaica. Era um líder religioso popular que atrai pela sua sabedoria e ação, por sua proposta de vida no amor a Deus, ao próximo e a si mesmo; onde o maior é o que se coloca a serviço. Em diversos assuntos, Jesus interpreta a tradição judaica diferentemente do pensamento do grupo religioso dominante e isso começa a causar atritos. Os romanos, que dominam a região, são muito ciosos de seu poder e pelo que tudo indica, o movimento de Jesus desperta desconfianças. Os evangelhos narram que uma certa aliança entre a elite religiosa judaica e as autoridades romanas levou à prisão de Jesus. Ele é então julgado pela autoridade romana, representada pelo governador Pôncio Pilatos, e sentenciado à morte de cruz. Na lei romana, esse suplício era reservado a escravos fugitivos ou a quem cometesse crimes de levante contra o império. Como Jesus não era escravo, se conclui que a autoridade romana interpretou que esse movimento religioso poderia levar a alguma revolta contra o império. Com razão ou não, a atividade de Jesus foi vista como de potencial político. Depois de crucificado, morto e sepultado, eis que os discípulos têm experiências de sua presença após a morte e a isso chamaram de ressurreição. Assumiram então para si a missão de continuar a pregação e o modo de vida proposto por Jesus. E assim nasce o Cristianismo.

Mani

Mani é um fundador de religião não tão conhecido entre nós, mas o sistema religioso por ele iniciado, o Maniqueísmo, teve uma grande influência sobre o Cristianismo, sobretudo em aspectos da moral. Mani nasceu na Mesopotâmia, região onde hoje é o Iraque, no dia 14 de abril do ano 216. Seu pai se converte a uma comunidade religiosa batismal judeu-cristã, os elcesaítas. Essa região de origem de Mani encontra-se sob grande influência do Masdeísmo, religião fundada por Zaratustra. Assim sendo, desde cedo ele convive com uma diversidade de religiões. Irá passar sua infância e juventude na comunidade religiosa de seu pai. A tradição diz, entretanto, que desde sua infância até a juventude, Mani teria tido revelações através de um personagem denominado Syzygos, o parceiro. Quando tinha 25 anos, teria iniciado a vida de pregação de sua mensagem. Mani considera-se na tradição da revelação que começa por Adão, passando pelos personagens bíblicos como Set, Noé, Henoc, Jesus até Paulo, bem como de outros fundadores de religião como Zaratustra e Buda. Ele considera-se o Paráclito, enviado por Jesus Cristo, como prometido nos evangelhos. A mensagem religiosa central de Mani está na questão da relação do Bem e do Mal. Para ele, Bem e Mal, Luz e Trevas são dois princípios antagônicos desde todo o sempre e para todo o sempre. Há assim o Reino da Luz e o Reino das Trevas. O primeiro é regido pelo "Pai da Grandeza", e encerra em si cinco elementos: a Consciência, o Pensamento, a Visão, o Discernimento e a Meditação. O grande problema no qual se encontra a história, é que Luz e Trevas se cruzaram e disso surgiram muitas existências, inclusive o ser humano. O ser humano, cuja existência engloba luz e trevas, dorme em meio às trevas e o Pai da Grandeza decide acordá-lo e assim levá-lo de volta e salvá-lo. Sua proposta religiosa engloba princípios de diversas religiões e seu anunciador teve inicialmente dificuldades para conseguir adeptos. Com a coroação de Shapur I para o reinado no ano de 242, a doutrina de Mani será vista com simpatia e ele consegue licença para anunciar em todo o reino, o que acontece também com o rei sucessor, Hormizd I (272). Nesse período de 30 anos, a proposta religiosa de Mani consegue grande alcance. Com a subida ao trono de Bahram I, no ano de 273, Mani e seu movimento é visto com desconfiança, até ter sido ele preso, torturado e morto a 26 de fevereiro de 277. Seu movimento religioso já está presente entretanto no Oriente Médio, na Ásia, África e Europa e durou por diversos séculos.

A proposta dualista de Mani

Nascido no ano de 216, na Mesopotâmia, Mani formulou seu sistema religioso – chamado de Maniqueísmo – condensando compreensões de outros sistemas. Uma das preocupações centrais de Mani é a origem e a relação do Bem e do Mal, ou, como ele chama, do Reino da Luz com o Reino das Trevas. Em sua compreensão esses dois princípios existem eternamente e no início estavam separados: acima a luz, abaixo as trevas. E cada um dos reinos é habitado por criaturas. As das trevas desejam ir à luz, e seres femininos das trevas capturam algo da luz, e disso criaram o ser humano. Este não tem consciência de que sua existência é resultado da mistura de luz e trevas e ao se reproduzir, vai perpetuando esse imiscuir de luz e trevas. A consciência (*Nous*) do ser humano está adormecida e é preciso despertá-la. Assim, Mani entende que diversas personalidades foram enviadas para despertar o ser humano, como Adão, Jesus, Buda, Zaratustra etc. Ao saber de sua condição (mistura de luz e trevas), o ser humano se apavora. Mani entende que o ser humano precisa saber que luz e trevas devem ser separadas. Usando uma expressão bíblica de Paulo de Tarso,

Mani entende que essa separação possibilitará a passagem do velho homem para o homem novo. Ele se entende como a encarnação da consciência (*Nous*) que mostrará esse caminho ao ser humano. Nessa compreensão, a alma humana é composta de luz e o corpo é composto de trevas. A proposta de moral de vida feita por Mani não é a de que a luz vença as trevas, mas sim a de separação de luz e trevas. Quando luz e trevas estiverem novamente separadas, acontecerá o fim dos tempos, com a recomposição da situação inicial. Para isso, ele prega uma moral rígida que vê negatividade e desconfia de tudo o que é ligado à corporeidade e seus instintos. Desta fazem parte rigorosos jejuns e especialmente a abstinência sexual. Se o ser humano se abstiver da prática sexual, não mais irá reproduzir a mistura de luz e trevas, encetando destarte o fim dos tempos. Por um certo período, Mani e sua doutrina ganharam as boas graças e proteção de reis mesopotâmicos, o que fez com que tivesse podido expandir bastante a sua organização religiosa para dentro inclusive do Império Romano e em contato com o Cristianismo. No final da vida foi perseguido e morto pelo Rei Bahram I, no ano de 277. Mas sua organização religiosa e proposta moral continuaram por um bom tempo, vindo a influenciar inclusive a moral cristã, que por vezes vê o corpo e seus desejos de forma muito negativa.

Mohammed

O fundador da tradição religiosa do Islã foi Mohammed, nome às vezes traduzido por Maomé, embora não seja uma boa tradução. Ele nasceu entre 570 e 580 d.C. na cidade-oásis de Meca. Localizada na Península Arábica, hoje na Arábia Saudita, Meca era uma cidade que tinha uma importância estratégica na rota comercial que ligava Ásia, África e Europa. Do ponto de vista religioso, a cidade não tinha uma única religião, abrigando inclusive grupos cristãos e judeus. Estes adoravam o Deus único sob o nome árabe de "Alá". Lá estava o templo da Caaba, dedicado a diversas divindades. A infância de Mohammed é bastante sofrida. Seu pai Abdallah morreu pouco antes ou pouco depois de ele nascer. Sua mãe morreu quando tinha seis anos. Segundo o costume árabe, o menino órfão foi acolhido pelo avô paterno, que veio a falecer quando ele tinha 8 anos. Foi criado pelo tio paterno Abu Taleb. Muito cedo, Mohammed é obrigado a trabalhar para o próprio sustento. Quando tinha cerca de 25 anos, casou-se com uma viúva, Khadija, à qual servia como braço direito no comércio. Pelo ano 610 recebeu uma revelação através do anjo Gabriel, que o chamou de "Enviado de Deus" e lhe mandou anunciar uma mensagem. Desde então, Mohammed passou a ter frequentemente revelações de mensagens e as recitava todas de cor. Começa a anunciar sua mensagem, pregando o Deus único, um Deus de clemência e misericórdia, que é justo e deseja que as pessoas se comportem com justiça. Sua pregação foi acolhida por um grupo e rejeitada pela grande maioria dos habitantes de Meca. Quando no ano de 619 morreu seu tio e sua esposa, Mohammed ficou em grandes dificuldades. A pressão sobre seu grupo ficou insuportável, de modo que teve que pensar em uma saída de Meca. Após muitas negociações, o grupo de Mohammed é recebido em Yatrib, cidade chamada mais tarde de Medina, também uma cidade-oásis ao Norte de Meca. Essa mudança ocorreu em setembro do ano de 622, ano em que começa a contagem muçulmana. Ali ele pode desenvolver sua proposta religiosa. Percebendo o crescimento desse grupo, Meca tenta conquistar Medina e a partir de 622 ocorreram diversas batalhas, tendo a cidade resistido sob a liderança de Mohammed. No ano 630 Meca se rende, Mohammed entra nela com seus companheiros, purifica a Caaba e a dedica ao Deus único. Ele também não exerce nenhuma vingança contra os líderes de Meca, pelo contrário, perdoa a todos eles. Continuou entretanto a viver em Medina, onde veio a falecer no dia 8 de junho de 632.

Mohammed, o exemplo

A trajetória religiosa de Mohammed, o fundador do Islamismo, é marcada pelas experiências de revelações de mensagens. Isso começou no ano 610, no Monte Hira. Ali teria ele ouvido a voz de um mensageiro que o mandava recitar. Mohammed reluta, pois está assustado, mas o mensageiro insiste até que ele pergunta o que deve anunciar. Ele recebe então a primeira mensagem a ser anunciada, que assim começa: "Em nome de Deus, o Clemente, o Misericordioso. Recita em nome do teu Senhor que criou, criou o homem de sangue coagulado. Recita. E teu Senhor é o mais generoso, que ensinou com a pena, ensinou ao homem o que este não sabia". Diz a tradição que inicialmente Mohammed não entende o que está acontecendo e pensa estar tendo um problema mental. Ele teria então narrado o acontecido para sua esposa Kadhija, que teria compreendido ser uma mensagem divina e incentivado o marido a recitar. Nos 22 anos que se seguiram, até sua morte, Mohammed continuou a receber revelações do mensageiro de Deus, identificado como o anjo Gabriel. Ele recita de cor as mensagens que recebe e sempre exatamente com as mesmas palavras, o que impressiona as pessoas. Essas mensagens falam de um Deus que é clemente e misericordioso. Mohammed continua seus trabalhos no ramo do comércio, junto à esposa. Mas vai se dedicar também a pregar sobre as mensagens que recebe, fala de um Deus bondoso, da proximidade do juízo final e da necessidade de conversão ao único Deus verdadeiro. Prega também a necessidade da honestidade nos negócios e justiça frente aos escravos, mulheres e órfãos. Aos poucos um grupo de pessoas passa a crer também nessas mensagens, especialmente em sua própria família. Esse grupo forma a primeira comunidade muçulmana. Mohammed com seu grupo é bastante perseguido e obrigado a deixar sua cidade natal, Meca, indo se instalar em Medina. Mesmo em meio a muitas dificuldades, Mohammed continua a anunciar as mensagens que recebe e delas é o seu enviado, o Profeta. O grupo de pessoas que adere a essa mensagem cresce muito rapidamente e a própria cidade de Meca, que havia expulsado o Profeta e tentado derrotá-lo em diversas batalhas, acaba aderindo a essa mensagem. Ao final de sua vida, Mohammed vai a Meca, visita o famoso templo da Caaba e ali faz uma pregação que se tornou muito importante para a comunidade muçulmana, na qual diz que todos os que se submetem a Deus fazem parte de uma só comunidade, a chamada Ummah. O Profeta vem a falecer no dia 8 de junho do ano de 632 e foi sepultado em Medina, onde seu túmulo é até hoje visitado por milhares de pessoas.

Guru Nanak

Um fundador de religião relativamente pouco conhecido no Brasil é o Guru Nanak, fundador do Sikhismo, também pouco conhecido entre nós. Mas a história desse guru e sua proposta religiosa é muito interessante. Nanak nasceu no ano de 1469, na região do Punjab, território hoje dividido entre os países da Índia e Paquistão. A família de Nanak é de origem religiosa hindu, mas vive em território que pertence a muçulmanos. Desde criança aprendeu a conviver com a diversidade religiosa e se interessa muito por religião, especialmente os textos sagrados das diversas tradições. Uma experiência religiosa em Sultanpur parece ter sido decisiva para uma mudança de vida: Nesta, segundo a tradição, estava ele junto com companheiros quando teria desaparecido num rio por três dias, levando todos a pensar que teria ele se afogado. Após três dias reaparece em casa e fica um dia inteiro sem falar nada. Começou então a repetir a seguinte afirmação: "Não há hindus. Não há muçulmanos; assim, qual é a luz que deverei seguir? Vou seguir a luz de Deus. Ele não é hindu, nem muçulmano e a luz que eu seguirei é a luz de Deus". Abandonou sua casa – contava então seus 27 anos – e, acompanhado de seu discípulo, um músico muçulmano chamado Mardanâ, passou a ser um "mestre andante", ou seja, percorreu muitas regiões da Índia para dialogar com outros mestres religiosos e expor sua doutrina. Vivia como asceta mendicante. Passou a pregar que Deus é mais importante, independentemente da religião a ser seguida. Ensina que não são os rituais, nem as orações que aproximam as pessoas de Deus, mas sim o fato de as pessoas viverem a vontade de Deus. Quem quiser seguir a Deus, Deus mesmo irá ensinar, por isso entende que Deus é o grande guru, o grande mestre. E por isso todas as pessoas são iguais, independentemente de casta, de riqueza, de *status* ou de religião. Diversas pessoas começaram a seguir essa forma de pensar e foram chamadas de *sikhs*, que quer dizer "discípulo", na língua punjabi. Para expressar a igualdade de todos, o Guru Nanak instituiu o *langar* (cozinha ou refeitório comunitário). Toda a comunidade toma a refeição sentada na mesma mesa, sendo que a refeição é também preparada por todos. Imaginou ele ser essa a melhor forma de demonstrar a igualdade entre todos. O Guru Nanak faleceu no dia 22 de setembro de 1539, em Kartarpur (Paquistão).

Guru Nanak e o diálogo inter-religioso

O Guru Nanak, fundador da tradição religiosa do Sikhismo viveu no final do século XV e início do século XVI, na região do Punjab (hoje entre Índia e Paquistão), marcada religiosamente por duas tradições: a hindu e a muçulmana. Após uma experiência religiosa, Nanak passa a repetir uma sentença pela qual ficou muito conhecido: "Não há hindus. Não há muçulmanos". Não afirmava isso contra as duas tradições religiosas, mas por entender que o seguimento de Deus deve ser buscado acima de tudo, acima das tradições religiosas e seus rituais. Por essa afirmação, Nanak sofreu incompreensões de fiéis de ambas as tradições religiosas, mas muitos acharam sua proposição interessante e o seguiram. Por conta disso, ele passa a ser chamado de Guru Nanak e seus seguidores de *sikhs*. A eles, o Guru Nanak propõe buscar a ligação com o supremo, a ligação com a verdade. Entende que a vida religiosa precisa menos de ritos e mais de seguimento de Deus. E a vida de seguimento religioso deve ser buscada não somente como caminho individual de adoração a Deus, mas em companhia dos bons, na assembleia dos verdadeiros. O amor a Deus é associado ao amor por todos. Sua proposta religiosa supõe a superação do sistema de castas, que tanto marcava sua tradição hinduísta. Para isso, o Guru Nanak criou o ritual da refeição em comum, onde os discípulos juntos, sem distinção de pessoas, preparam e comem em conjunto o *karâh prasâd*, um alimento feito de farinha, açúcar e manteiga batida. Na compreensão de Nanak, Deus não deve ser fixado em muitos atributos. O divino é o princípio eterno, imanente e transcendente, isto é, está em nossa realidade e além dela. O ser humano o percebe por ele se dar a conhecer. E o ser humano que o conhece, o segue; por isso Deus é o grande Guru a guiar o ser humano. O seguimento de Deus leva a abolir o *eu* e o *meu*, abolindo assim o orgulho e o egoísmo. Esse é o caminho da realização. A recordação e a murmuração do nome de Deus ajudam a manter-se na sua busca, por isso o Guru Nanak passou boa parte da vida cantando o nome divino, acompanhado pelo som de Mardanâ, um músico de origem muçulmana. E prescreve aos discípulos: "Na hora privilegiada da alvorada, medita na grandeza do verdadeiro Nome".

Allan Kardec

O homem conhecido pelo nome de Allan Kardec, fundador da tradição do Espiritismo, adotou esse pseudônimo quando já era adulto. Ao nascer recebeu o nome de Hippolyte Léon Denizard Rivail. O menino Hippolyte León Denizard nasceu aos 3 de outubro de 1804, na cidade francesa de Lyon, embora sua família não fosse dessa cidade e sim de Bourg en Bresse. Por ocasião do nascimento do menino, seu pai encontrava-se em Paris e sua mãe estava em Lyon por questões de saúde. Filho de pais católicos, foi batizado no dia 15 de outubro de 1805. Seu pai e seu avô eram advogados, mas o pequeno Hippolyte León Denizard não seguiu essa profissão, dedicando-se já muito cedo aos estudos das ciências e filosofia. Aos 10 anos foi enviado a Yverdon, Suíça, para estudar no Instituto de Educação, fundado por Pestalozzi em 1805 e já considerado uma escola modelo para toda a Europa. Teria permanecido nesse instituto por cerca de 8 anos, onde após ter sido um aluno brilhante, tudo indica que tenha ele mesmo assumido funções de mestre. Em 1822 muda-se para Paris, trabalhando como tradutor de livros do alemão e do inglês e, sobretudo, como autor de obras pedagógicas. Seu primeiro livro didático é um Curso Prático e Teórico de Aritmética, utilizando-se da metodologia de Pestalozzi. A este se seguiram mais de vinte obras na área da educação, tanto manuais didáticos como gramáticas e inclusive uma sobre política educacional. Ao lado de sua atividade como escritor, Hippolyte León Denizard vai fundar em 1825 sua própria escola (École de Premier Degré). Sete anos mais tarde, no ano de 1832, casa-se com Amélie-Gabrielle Boudet, que será sua companheira da vida inteira. Quando do casamento, era um dos proprietários do Instituto Técnico Rivail. Esse empreendimento faliu por dívidas de jogo contraídas pelo seu sócio. Rivail desdobra-se para sobreviver exercendo múltiplas atividades, seja como contador de diversas empresas, bem como professor e escritor de obras didáticas. E foi exitoso nesses seus trabalhos, pois conseguiu reconstruir com bastante sucesso sua situação financeira. Contudo, sua vida muda ao se encontrar com as mesas dançantes e falantes em 1855. Dos seus estudos a respeito irá escrever O Livro dos Espíritos, publicado em 1857, e com o qual nasce para o público aos 18 de abril do mesmo ano, o nome de Allan Kardec, que o acompanhará até sua morte em 1869.

Allan Kardec, o codificador

Allan Kardec – chamado de codificador da doutrina espírita – adotou esse nome quando tinha mais de 50 anos e passara a se ocupar com a teoria do Espiritismo. Sob esse nome publicou seu primeiro livro espírita – O Livro dos Espíritos – em 1857, embora já se ocupasse com o assunto por uns dois ou três anos. Até então ele era conhecido pelo seu nome de registro e de batismo: Hippolyte Léon Denizard Rivail. Esse nome adotado marca também uma mudança de vida e de identidade: enquanto pelo nome anterior ele era reconhecido como pedagogo, o novo nome o vai tornar conhecido e identificado pela doutrina espírita. A escolha desse nome estaria intimamente ligada a uma ideia central da compreensão espírita com a qual ele passa a se ocupar e difundir: a reencarnação. Narra-se que o nome seria de origem celta e teria sido dado a conhecer por mensagem de um espírito (o espírito protetor z, identificado nas obras póstumas de Kardec como Zéfiro) que o teria conhecido em uma encarnação anterior, quando teriam vivido juntos. O espírito o reconhece e afirma que ele se chamava Allan Kardec, no tempo dos druidas (pessoas que tinham uma certa função de aconselhamento na sociedade celta). O próprio Allan Kardec, entretanto, não faz nenhuma menção a essa história, nem mesmo às motivações que o teriam levado a adotar esse nome. O único lugar no qual ele mesmo se refere à mudança de nome é numa carta escrita de 1857. Nela ele diz que de cada 100 escritores, ¾ usam de pseudônimo, "com a diferença de que a maioria toma nomes de pura fantasia, enquanto Allan Kardec tem uma significação e que posso reivindicá-lo como meu em nome da doutrina", escreve ele, acrescentando: "Não tomei essa decisão sem antes consultar os espíritos". Sua explicação sobre a mudança de nome não informa, pois, muito sobre os motivos. Há uma outra versão igualmente muito antiga sobre a questão da troca do nome, também segundo a qual isso teria ocorrido por sugestão dos espíritos, mas que não menciona a questão de encarnação anterior e afirma que Allan Kardec seria "um antigo nome bretão da família de sua mãe". A narrativa, entretanto, de que o nome se originaria de sua encarnação anterior como celta, foi adotada praticamente como oficial pelo Espiritismo. Independentemente da versão, é fato que o nome de Allan Kardec marca a sua identidade como codificador do Espiritismo.

Mestre Irineu

A religião do Santo Daime foi fundada por Raimundo Irineu Serra, mais conhecido como Mestre Irineu. Como todas as religiões, o Santo Daime também não nasceu sem influências de outras tradições religiosas. Mas, a partir de diversas influências, Mestre Irineu foi organizando a comunidade de seguidores, dando assim início a uma tradição considerada hoje uma religião independente, genuinamente brasileira, fundada no interior da Amazônia. A trajetória de vida de Mestre Irineu não deixa de ser impressionante. Filho do ex-escravo Sancho Martinho Serra e de Joana Assunção Serra, consta no registro que Raimundo Irineu teria nascido aos 15 de dezembro de 1892, embora pelo seu registro de batismo ele teria nascido em 1890. Erros comuns de registros no interior do Brasil à época, dado que Raimundo Irineu nasceu em São Vicente do Ferrer, cidade maranhense até hoje relativamente pequena, distante quase 300 quilômetros da capital São Luís. Sobre sua infância não existem muitas informações. É certo, entretanto, que seu pai falece quando ainda na infância do menino, ficando a viúva com oito filhos, dos quais Raimundo Irineu era o mais velho. Quando o menino tem 12 anos de idade, a família muda-se para a capital do Estado. Ali passa ele a sua adolescência e juventude. E cresceu bastante: ficou um homem de quase 2 metros de altura. Pelo que consta, um rapaz muito alegre e que gostava de participar de festas. Numa dessas festas, numa casa de Tambor de Crioula, ele e seu primo teriam se envolvido numa briga. Sua mãe, avisada da situação, pede ajuda a seu irmão Paulo, tio de Irineu, a quem o jovem muito respeitava. Este, no dia seguinte, teria passado um corretivo no jovem. Após o acontecimento, o jovem deixou a família, mudando-se para Manaus, pelo ano de 1911, quando tinha em torno de 20 anos de idade. Ali permanece por cerca de um ano, quando se muda para o Acre, trabalhando como seringueiro no interior da mata. Ali, a partir de 1914, pelo que tudo indica, Raimundo Irineu começa a ter contato com uma experiência religiosa xamânica, uma tradição indígena peruana, que usava a bebida ayahuasca em seus rituais. Trata-se de um chá obtido no cozimento do cipó jagube com a folha rainha. Nesses rituais ele tem a experiência do encontro com quem ele chama de Clara, mais tarde identificada como Nossa Senhora da Conceição. Começa então a sua trajetória religiosa própria, de mestre, curador e aconselhador. Em torno dele irá se formar uma comunidade, chamada de Santo Daime. A essa comunidade ele dedica o resto de sua vida, vindo a falecer aos 6 de julho de 1971, na cidade de Rio Branco, AC.

Mestre Irineu e a Rainha da Floresta

Mestre Irineu, fundador da tradição religiosa do Santo Daime, nasceu no Maranhão, em 1890. Seu nome de batismo – pois foi batizado na Igreja Católica – era Raimundo Irineu Serra. Mudou-se para o Acre, no interior da floresta, onde passou a trabalhar como seringueiro – soldado da borracha, como se dizia – quando tinha um pouco mais de 20 anos de idade. Trabalhou também na comissão de fronteiras, um órgão encarregado de delimitar os limites do Brasil com Bolívia e Peru. Após esse serviço, foi também Guarda Territorial, tendo dado baixa no serviço em 1932 com a patente de cabo. Embora os relatos sobre o início de sua experiência religiosa não sejam precisos, tudo indica que foi no tempo que trabalhou na comissão de fronteiras, a partir de 1914, que, levado por um amigo, Antônio Costa, Raimundo Irineu experimenta uma bebida chamada ayahuasca, chá obtido no cozimento de um cipó (jagube) com folha rainha. Esse chá, segundo a tradição, era já utilizado em rituais religiosos de povos na Amazônia peruana e havia se espalhado nas regiões de fronteira. Em algumas narrativas o momento fundante para Irineu teria ocorrido no Peru, em outras na Amazônia brasileira. Raimundo Irineu e Antônio Costa haviam tomado juntos da bebida. O mestre teria visto a lua com brilho de esplendor extraordinário, quando Antônio Costa o chama de dentro da casa dizendo que ali estava uma senhora que queria falar com ele. Que o nome dela era Clara e que ela estaria acompanhando Irineu desde sua saída do Maranhão. Avisou também que voltaria a procurá-lo. Em outra ocasião ela lhe aparece novamente, sentada sobre a lua, dizendo a Irineu que o que ele estava vendo nunca ninguém tinha visto e que ela era uma Rainha Universal, a Rainha da Floresta identificada com a Virgem Maria. Ordenou-lhe também que passasse oito dias na mata, isolado, numa rigorosa dieta. Dela Irineu também recebe a tarefa de fundar uma doutrina espiritual. Irineu assume essa tarefa, sendo então um mestre e além de dar continuidade ao uso do chá, passa a ritualizar sua distribuição. Em 1930 fundou um centro comunitário, dando início ao culto chamado de Santo Daime. Esse nome vem da invocação feita ao se tomar a bebida: Dai-me paz, dai-me luz ou outro pedido. Sua comunidade, que tem uma doutrina de promoção de paz, de saúde, de autoconhecimento, de ajuda ao próximo e usa o chá no ritual que acontece numa dança de bailado, sofreu muita discriminação e perseguição. Mas, ao mesmo tempo, Mestre Irineu teve muitos adeptos e viu o crescimento contínuo da comunidade que fundara até sua morte no ano de 1971.

Zélio de Moraes

A tradição religiosa da Umbanda se forma a partir de influências de grupos religiosos de matriz africana que começam a se estruturar no Brasil mais fortemente a partir do final do período da escravidão, ou seja, em fins do século XIX. Não se sabe exatamente quando nem onde alguns desses grupos começaram a ser chamados de Umbanda. Também não se tem clareza se os grupos que passaram a assumir o nome de Umbanda teriam uma origem única ou – o que é considerado mais provável – se esse nome teria sido adotado por grupos que já existiam com outros nomes. Décadas mais tarde, já depois dos grupos denominados Umbanda estarem espalhados por muitas regiões do país, aparece a preocupação pela busca da origem dessa tradição religiosa e, o que aqui nos interessa, a busca por uma figura que possa ser considerada fundadora dessa tradição. Nesse contexto começa a ganhar importância a narrativa sobre Zélio de Moraes, a quem é então atribuído um episódio considerado por muitos como o momento fundante dessa tradição. Segundo essas narrativas, o fato teria ocorrido em Niterói, RJ, quando Zélio de Moraes, um jovem de 17 anos teria sido acometido de uma doença identificada ora com uma paralisia, ora com outros sintomas popularmente chamados de ataques. Curado inexplicavelmente de sua doença, ele teria sido levado a uma casa de tradição espírita. Nela teriam se manifestado diversos espíritos que se diziam de pretos-velhos escravos e de índios ou caboclos. Os dirigentes da casa não teriam gostado dessa manifestação e tentaram doutrinar e afastar o espírito presente em Zélio de Moraes. Este teria então respondido que no dia seguinte daria início a um culto onde os pretos e índios poderiam se manifestar, dar suas mensagens e cumprir sua missão espiritual. O espírito teria também revelado seu nome: "Caboclo das Sete Encruzilhadas, porque não haverá caminhos fechados para mim". E assim – conforme a narrativa – esse espírito teria se manifestado no dia seguinte e com isso iniciado um culto no qual os espíritos de escravos e de índios poderiam se manifestar e praticar a caridade tendo como mestre Jesus e os ensinamentos dos evangelhos. E assim essa tradição religiosa passou a narrar a sua fundação.

Zélio de Moraes e o Caboclo das Sete Encruzilhadas

Atribui-se a Zélio de Moraes a fundação da tradição religiosa da Umbanda. Segundo narrativas da própria tradição, seus inícios teriam ocorrido por volta de 1908, quando um espírito, utilizando-se do médium Zélio de Moraes, teria anunciado seu nome – Caboclo das Sete Encruzilhadas – e também o início de um novo culto, que recebera inicialmente o nome de *allabanda*, para depois se chamar *aumbanda* e finalmente Umbanda, nome pelo qual ficou conhecida. Esse fato teria ocorrido na cidade de Niterói, RJ, onde o Caboclo das Sete Encruzilhadas teria também anunciado a fundação de um centro, chamado de Tenda Espírita Nossa Senhora da Piedade. Esta teria sido a primeira casa de Umbanda da história. Segundo as narrativas da tradição, o próprio espírito do

Caboclo teria anunciado alguns fundamentos importantes da religião: ela seria um espaço onde os espíritos de velhos africanos escravizados e de índios nativos poderiam trabalhar em benefício de seus irmãos encarnados, independentemente de religião ou situação social; a prática da caridade foi estabelecida como objetivo principal do culto, seguindo os ensinamentos dos evangelhos, tendo Jesus Cristo como principal mestre. Assim, o atendimento aos que procurassem ajuda nessa religião seria gratuito. Estabeleceu também que haveria sessões diárias, à noite, e que os participantes deveriam se vestir de branco. Narra a tradição que 10 anos mais tarde, o Caboclo das Sete Encruzilhadas teria anunciado que seriam criados sete novos templos da religião, começando assim a propagação da religião por outros lugares. Zélio de Moraes teria pessoalmente fundado no ano de 1957 uma outra casa, denominada Tenda de Pai Antônio, no município de Cachoeiras de Macacu, RJ. No ano de 1963 (ou 1967), teria ele passado para suas filhas a direção de sua primeira casa, a Tenda Espírita Nossa Senhora da Piedade, e se mudado definitivamente para Cachoeiras de Macacu, onde veio a falecer no ano de 1975. Essas narrativas da fundação da Umbanda, entretanto, surgem apenas na década de 1960. E os pesquisadores que as recolhem, discordam que essa tradição tenha surgido em 1908. Colocam seus inícios para a década de 1930, ou – o mais cedo possível – para a década de 1920. Outros estudiosos são da opinião de que a Umbanda não teria nascido num só lugar, mas grupos religiosos de diversas cidades teriam aos poucos adotado esse nome. Independentemente dessa discussão, essa tradição religiosa genuinamente brasileira se espalhou por todo o Brasil e inclusive por outros países.

9
Os sistemas religiosos e suas subdivisões

As subdivisões nas religiões

O universo dos sistemas religiosos da humanidade não é composto por instituições unificadas. Isto é, dentro de grande parte das tradições religiosas existem subdivisões, seja de organização e estrutura, seja de hierarquia, seja de compreensões religiosas ou correntes de pensamento ou – o que é mais comum – de tudo isso um pouco. As subdivisões dentro dos grandes sistemas religiosos da humanidade, como o Cristianismo, o Islã, o Hinduísmo e o Budismo, são talvez mais conhecidas do que nas que ocorrem nos sistemas religiosos menores. Mas tanto em uns quanto em outros as divisões são uma realidade. Quando se pergunta sobre o porquê dessas divisões, as respostas podem ser muito diversas. Em algumas tradições – como é o caso do Hinduísmo – a própria ideia de unificação é estranha, pois não existe o Hinduísmo como uma religião. Essa é uma designação muito posterior para indicar uma série de tradições religiosas que têm algumas coisas em comum, mas desde que se as conhece são já diversificadas. Assim sendo, o nome indica mais uma tentativa de classificar certas tradições (como hinduístas) do que o nome de uma religião específica. Já em outras tradições religiosas – como é o caso do Islã e do Budismo – as subdivisões surgiram com o tempo a partir de um período inicial mais unificado. Dessa forma, consegue-se perceber com relativa clareza quando e por que surgiram as divisões. Há ainda o caso de tradições religiosas – como, por exemplo, o Cristianismo – que não surgiram unificadas do ponto de vista institucional, mas houve um grande esforço de unificação, sendo que mais tarde surgiram muitas subdivisões. Algo que parece, entretanto, comum à grande maioria das tradições religiosas é que o processo de subdivisões é contínuo e faz parte da dinâmica própria da forma de ser das religiões na história. No caso brasileiro, é muito perceptível a série de subdivisões que ocorrem dentro do Cristianismo. Tem-se inclusive a impressão de que na última década o processo de criação de novas Igrejas cristãs está cada vez mais acelerado, com o surgimento de centenas de novas denominações cristãs. Nos próximos textos tentaremos apresentar as subdivisões mais conhecidas dentro dos grandes sistemas religiosos, sua origem, causas e características.

A pluralidade de Igrejas no início do Cristianismo

Há quem imagine que o Cristianismo tinha em seu início uma única Igreja institucional e que depois, ao longo do tempo, foi se subdividindo até termos o grande número de Igrejas cristãs que temos hoje. O Cristianismo não surgiu como uma única Igreja institucional. Após a morte, ressurreição e ascensão de Jesus, muitos de seus discípulos continuaram a se reunir em grupos. Igreja surge justamente desses grupos e quer dizer reunião ou assembleia. Inicialmente, "igreja" não era, pois, uma instituição, mas um acontecimento. Logo, logo, entretanto, essas reuniões foram se estruturando e deram início a Igrejas no sentido institucional. E estas eram diversas no início. Não havia nenhuma centralização, nem a ideia de uma estrutura única. A Igreja era basicamente a Igreja local. Onde havia um grupo de cristãos que se reunia, ali havia Igreja. E os primeiros desses grupos (dessas Igrejas, portanto) foram fundados a partir do anúncio que os discípulos de Jesus faziam, principalmente os apóstolos. A história não conservou muitos dados sobre a atividade de pregação dos apóstolos. Dos dados que temos no texto bíblico do Novo Testamento, os apóstolos Pedro, Tiago (chamado de Tiago Maior) e João fundaram ou pelo menos acompanharam grupos de Igrejas, formando assim tradições diferentes de Igrejas. Tiago fundou Igrejas que ficaram próximas do Judaísmo, a tradição do chamado judeu-cristianismo. Essas Igrejas judeu-cristãs duraram por cerca de três séculos. As comunidades fundadas por João não tiveram uma existência tão longa, talvez um século e meio. Pedro, ao que tudo indica, teria assumido mais a missão de visitar as diversas Igrejas em cidades diferentes. Quem mais fundou Igrejas no início do Cristianismo foi Paulo de Tarso, um judeu da tradição farisaica que se converteu ao Cristianismo. Paulo não conheceu Jesus pessoalmente, mas foi um grande entusiasta, e as Igrejas que sobreviveram historicamente são as que foram fundadas por ele. Viajou pelo mundo grego e romano, fundando Igrejas. As cartas que escrevia às Igrejas por ele fundadas originaram diversos textos do Novo Testamento. Por esses textos, hoje sabemos da pluralidade de Igrejas no início do Cristianismo.

A Igreja persa: a primeira divisão no Cristianismo

Os discípulos de Jesus, após a experiência da ressurreição e ascensão, vão sair a pregar sua mensagem e formando comunidades cristãs. Essas comunidades se chamavam Igrejas e não havia inicialmente nenhuma unidade institucional. Todos se entendiam como cristãos e unidos em Cristo, mas não a uma única organização. Em menos de 100 anos já havia comunidades cristãs em praticamente todo o Império Romano. Mesmo tendo sofrido perseguição aqui e ali, no século IV o Cristianismo já representa uma força importante dentro do império. Com a conversão do Imperador Constantino, pelo ano 312, o Cristianismo vai passar a ser uma religião lícita e o próprio Império Romano passa a se preocupar com uma maior unidade entre as Igrejas cristãs, dado que tal unidade era importante para manter unido o próprio império em decadência e dividido. No ano 380 o Cristianismo passará a ser a religião oficial do Império Romano. Acontece que o Cristianismo também havia ultrapassado os limites do Império Romano e se expandido ao Oriente para dentro do Império Sassânida (séculos III-VII), que abrangia regiões onde hoje se localiza o Iraque, o Irã, o Afeganistão e regiões circunvizinhas. Em guerra contra o Império Romano, os sassânidas acusarão os cristãos de serem colaboradores dos romanos, por conta da ligação de suas comunidades com as comunidades de dentro daquele império. Assim, no contexto das tensões entre os dois impérios e para livrar-se das acusações e das perseguições, a Igreja cristã da Pérsia irá declarar no ano de 424 a sua independência e separação das outras Igrejas cristãs, tornando-se autônoma. Essa declaração marca o primeiro cisma institucional dentro do Cristianismo, onde parte das Igrejas se declara separada das outras. Esse cisma não foi provocado por tensões internas, nem por divergências de interpretação dentro do Cristianismo, mas por forças externas a ele. O Cristianismo persa irá se expandir e florescer, chegando inclusive à Índia. Seu apogeu se deu no século XII. Com a islamização de muitas dessas regiões, houve uma diminuição significativa dessas comunidades cristãs, mas diversas dessas Igrejas persistem até hoje. Entre elas estão os chamados "cristãos de São Tomé", da Índia, pois segundo a tradição, esse Cristianismo derivaria das pregações do Apóstolo Tomé.

A primeira divisão doutrinal no Cristianismo

A preocupação com a unidade, no início do Cristianismo, está muito mais ligada à unidade de sentimento, de serem todos "um só coração e uma só alma". Com o passar do tempo, começa aparecer a preocupação com a unidade da mensagem, o que se poderia chamar de unidade doutrinal. Na Carta aos Gálatas, Paulo já fala de "pessoas que semeiam a confusão entre vós e pretendem deturpar o evangelho de Cristo" (Gl 1,7). Essa preocupação sobre a correta interpretação do evangelho, isto é, da mensagem de Cristo, dá lugar aos poucos à discussão sobre como interpretar corretamente Jesus Cristo. Ele é divino? É humano e divino? É um semideus? Qual é a natureza de Jesus Cristo? À medida que o Cristianismo se expandia e surgiam mais e mais comunidades, surgiam também novas interpretações. Por diversos séculos o Cristianismo não tinha nenhuma autoridade central que fosse referência para todos. Mas havia, sim, a preocupação com a unidade de doutrina. Com a aproximação do Cristianismo com o Império Romano, a questão da unidade vai se tornar mais importante, pois ao Império interessa um Cristianismo unido. E assim foram realizados os primeiros Concílios para resolver questões de doutrina, ou seja, de diferentes interpretações. O primeiro concílio da Antiguidade realizou-se no ano de 325, foi convocado pelo próprio Imperador Constantino e se reuniu no palácio imperial da cidade de Niceia. No ano de

380, o Cristianismo se torna a religião oficial do Império Romano e com isso tanto a unidade institucional como doutrinal são acentuadas. E é nesse contexto que surge a primeira divisão institucional dentro do Cristianismo, motivada por diferença de interpretação de doutrina. Existem então interpretações diferentes sobre muitos assuntos, mas a questão da compreensão sobre a natureza de Jesus Cristo continua sendo um tema central e controverso. Mais uma vez foi convocado um Concílio para discutir a questão. Trata-se do Concílio de Calcedônia, no ano de 451. Os cerca de 600 bispos presentes votaram e por maioria se decidiu: "Ensinamos todos, unanimemente, o único e o mesmo Filho, nosso senhor Jesus Cristo, segundo a sua completa divindade e completa humanidade, em (e não procedente de) duas naturezas, não confundidas nem transmutadas, não segregadas nem separadas, ambas reunidas numa pessoa". Mas numa série de Igrejas era firme a fé de que Jesus é de natureza somente divina e a fórmula de "duas naturezas em uma pessoa" não foi ali aceita, gerando assim a primeira divisão institucional cristã causada por questões doutrinais.

A grande divisão no Cristianismo: ortodoxos e romanos

O cisma entre as Igrejas do Oriente (chamadas de Igrejas Ortodoxas) e do Ocidente (chamada de Igreja Católica Romana) foi a primeira grande divisão institucional no Cristianismo, ocorrido oficialmente no século XI. Há, porém, uma longa história que levou a esse cisma. Essa história comporta aspectos culturais, doutrinais e especialmente políticos. As comunidades cristãs, ao se expandirem por muitas regiões, também foram se diversificando nos costumes, na forma de celebrar e viver a fé. Assim, com o passar do tempo, o Cristianismo do Oriente Médio e Norte da África, por um lado, e o Cristianismo europeu, por outro, foram se distanciando culturalmente. Fora essas diferenças culturais, um fator político foi aumentando as tensões dentro do Cristianismo: a divisão do Império Romano em Ocidental (com sede em Roma) e Oriental (com sede em Constantinopla). Como o Cristianismo se tornara a religião oficial do império, desde o ano 380, as divisões políticas do império refletiam-se também na estrutura cristã. A isso se juntou uma questão doutrinal, que também se arrastou por séculos. Nos concílios de Niceia (325) e Constantinopla (381) foi aprovada uma fórmula do Credo, na qual se diz sobre a fé no Espírito Santo: "Creio no Espírito Santo, Senhor que dá a vida, e procede do Pai; e com o Pai e o Filho é adorado e glorificado: Ele que falou pelos profetas". Aos poucos, no Ocidente, começou a ser utilizado um acréscimo "...procede do Pai *e do Filho*". E a fórmula do Credo com esse pequeno acréscimo tornou-se cada vez mais usual no Ocidente, até ser usada também em Roma. A Igreja de Constantinopla protestou contra esse acréscimo no Credo por parte da Igreja romana, dizendo não ser ele ortodoxo. Sobretudo por conta de tensões políticas, esse protesto não foi bem visto em Roma. Nessa tensão, um legado do Papa Leão IX, Cardeal Humberto, vai a Constantinopla e excomunga o Patriarca Miguel Cerulário. Isso ocorreu no dia 16 de julho do ano de 1054 (o papa havia entrementes falecido). O imperador de Constantinopla mandou queimar a bula de excomunhão e por sua vez o Cardeal Humberto e comitiva são excomungados por Constantinopla. Esses acontecimentos, que no início pareciam ser de importância menor, não foram, contudo, superados. Mesmo com diversos esforços pela unidade, ela não foi alcançada e desde o século XI há a separação institucional das Igrejas do Ocidente e do Oriente.

A divisão no Cristianismo ocidental: católicos e protestantes

Uma das divisões dentro do Cristianismo que mais marcou sua história no Ocidente – e por isso também o Cristianismo no Brasil – ocorreu no século XVI e é a que deu origem aos grupos chamados de católicos e protestantes. Lutero e a controvérsia sobre a venda das indulgências tiveram um papel importante nesse processo. No dia 31 de outubro de 1517 o monge agostiniano Martinho Lutero prega suas 95 teses no portal da catedral do castelo de Wittenberg (Alemanha) sobre a questão da venda de indulgências. Lutero com certeza não imaginava que seu ato iria influenciar toda a história da Igreja ocidental subsequente. A partir de seu gesto, iniciou-se todo um processo de discussão teológica, onde as posições foram de lado a lado sendo acirradas. Por um lado as posições defendidas pelo papa e seus representantes, por outro as posições defendidas por Lutero e seus colegas, que deram origem ao que se costuma chamar de Reforma. Por cerca de três anos aconteceram diversas reuniões para se tentar chegar a um consenso. O resultado foi, entretanto, um distanciamento maior, que culminou no rompimento ocorrido em 1520. Mas não se pode reduzir os acontecimentos que levaram à divisão a uma simples questão de desavença entre Lutero e o Papa Leão X. As 95 teses de Lutero e a reação do papado foram apenas o estopim num processo grande de tensão que vivia a Europa. A hierarquia da Igreja – especialmente a figura do papa – havia acumulado muito poder e a propriedade de muitas terras; por outro lado, tinha havido um empobrecimento grande de boa parte da população; os estados nacionais começam a surgir e reivindicar mais autonomia e menos ingerência da Igreja... esses são apenas alguns dos elementos no processo de tensão. Quando o escrito de Lutero discorda da posição defendida pelo papado, muitas autoridades viram nisso uma possibilidade de livrar-se de sua influência e passaram a apoiar e defender Lutero e suas posições. Não se pode ignorar a importância decisiva dessas posições políticas no processo de acirramento das partes e que culminou no rompimento. A consolidação do rompimento vai gerar a necessidade de pensar novas teologias e novas formas de organizar a Igreja, o que vale tanto para os partidários de Lutero quanto para os de Roma. E isso levou à chamada Reforma, tanto Protestante quanto Católica. Da Reforma saiu uma nova estruturação do Catolicismo, bem como abriu muitas possibilidades de Igrejas no chamado Protestantismo.

O surgimento da Igreja Anglicana

O movimento da Reforma do Cristianismo na Europa do século XVI não se limitou à criação do chamado Protestantismo luterano por um lado e Catolicismo romano por outro; consequência do distanciamento entre a parte da Igreja que apoiou o papa e parte que apoiou o movimento de Lutero. Outros movimentos ocorridos ainda no início do século XVI na Europa levaram à criação de diversas tradições cristãs, entre elas, a tradição Anglicana. No surgimento da Igreja Anglicana está muito mais uma tensão política do que propriamente uma diferença teológica. Essa tensão ocorre inicialmente em torno da questão do processo de nulidade do casamento do rei inglês Henrique VIII com Catarina de Aragão (da Espanha), desejado pelo monarca. O Papa Clemente VII havia negado no ano de 1529 o reconhecimento dessa nulidade. Os ingleses, entretanto, passam a entender que a autoridade máxima sobre essas questões deveria estar dentro do próprio país e não fora. Ou seja, a questão passou a ser vista como de interferência externa em questões do reinado. A ideia de nação soberana ganha força mais do que a questão religiosa propriamente dita. Após anos de discussão e diversas tensões, o parlamento da Inglaterra aprova, em novembro de 1534, o chamado Ato de Supremacia, pelo qual se reconhece o rei "o único chefe supremo na terra da Igreja na Inglaterra". A partir desse ato, criou-se juridicamente uma estrutura eclesial não mais ligada ao papa como autoridade, mas ao rei da Inglaterra, dando assim origem à Igreja Anglicana. Essa Igreja nacional não reconhece mais a autoridade do papa sobre ela. Contudo, em termos de organização, liturgia, teologia etc., ela continua inicialmente na mesma tradição. Somente com o tempo foram sendo introduzidas modificações que a fizeram em termos litúrgicos, organizacionais e teológicos uma tradição própria e em parte diferente da tradição romana. Com o expansionismo inglês dos séculos seguintes, essa Igreja foi levada ao mundo inteiro e foi aos poucos criando rostos próprios nos países em que se desenvolveu. Assim, temos hoje diversas tradições eclesiais nascidas da Igreja Anglicana. No Reino Unido, entretanto, até os dias de hoje o rei ou a rainha é a autoridade máxima da Igreja, cabendo à coroa, por exemplo, a nomeação dos bispos. Por outro lado, também até os dias de hoje, quem ocupa o trono inglês precisa necessariamente ser membro da Igreja Anglicana.

O surgimento das Igrejas Presbiterianas

O movimento de reforma dentro do Cristianismo ocidental no século XVI gerou uma nova configuração institucional de Igrejas cristãs. De um modo simplificado, se pode dizer que da Reforma surgiram quatro blocos de estruturas cristãs: o Protestante (Luterano), o Católico Romano, o Anglicano e o Presbiteriano. Desse último grupo é que surgirá o maior número de Igrejas institucionais. Essas se formam a partir da atuação do reformador franco-suíço João Calvino. Por isso, essa tradição às vezes é também chamada de Calvinista ou então de Igrejas Reformadas, embora no Brasil o nome de Igrejas Presbiterianas seja mais corrente. João Calvino era um católico francês de caráter pacato que adere em 1533 às ideias de Lutero. Por sua atividade intelectual nessa linha, ele passa a ser perseguido na França e se refugia em Genebra, na Suíça, onde passa boa parte de sua vida e lá falece. Por isso Genebra é tida como a Capital da Reforma. A obra teológica escrita por Calvino Instituição Cristã (*Institutio Religionis Christianae*, publicada em 1536) teve uma grande divulgação e deu um impulso expansivo muito grande à forma de Igreja por ele concebida. Diferentemente de Lutero, cuja Reforma permaneceu inicialmente no âmbito mais germânico, Calvino atingiu um caráter mais universal e talvez um afinco mais missionário. Muitas Igrejas da Europa que desejavam se tornar independentes da Igreja de Roma adotaram os princípios de Calvino. Essas Igrejas não tinham inicialmente uma estrutura hierárquica ordenada, mas uma organização em ministérios, que são quatro: pastor, doutor, ancião (presbítero) e diácono. Pelo costume de a organização da comunidade ser liderada pelo grupo dos anciãos (de presbíteros), surge a denominação de Presbiterianos. Calvino entende que o batismo e a santa ceia são os únicos sacramentos. Ele propõe uma grande sobriedade na igreja e no culto, tanto na sua ornamentação quanto nas vestes litúrgicas. É dessa proposição que vem a tradição de em muitas Igrejas evangélicas não haver presença de imagens de santos, nem de ornamentações como velas ou flores no altar. Na proposta de Calvino, a Bíblia ocupa um lugar central e se dá grande importância à pregação e ao canto.

As divisões no Islã

Para se falar nas divisões no universo muçulmano é preciso inicialmente fazer um esclarecimento: A religião do Islã não é estruturada em forma de instituições (como no caso do Cristianismo, em forma de Igrejas). A adesão ao Islã é em princípio um ato individual e não a adesão uma instituição. Para alguém se tornar muçulmano, basta que pronuncie de forma consciente, com entendimento e intenção – ao menos uma vez na vida – a profissão de fé: "Somente Deus é Deus e Mohammed é seu profeta" (expressão que pode ser traduzida também de outras maneiras). Além disso, a autoridade máxima a ser seguida para todos os muçulmanos é o Sagrado Alcorão e não uma instituição. O que consta no Sagrado Alcorão se deve seguir. As divisões surgidas dentro do Islã não são de ordem de estrutura institucional, mas mais de compreensão sobre a religião. E há basicamente dois tipos de divisão: A mais antiga e conhecida delas, que poderia ser chamada de diferentes correntes do Islã, surgiu a partir da compreensão diversificada sobre o governo da comunidade, ou – na linguagem muçulmana – sobre o califado. Quando da morte do Profeta Mohammed, no ano 632, houve entre os fiéis quem entendesse que o califa (o representante) deveria ser escolhido entre os companheiros do Profeta, outros entenderam que a escolha deveria recair sobre alguém da descendência (parentela) do Profeta. Dessa diferença de compreensão sobre a sucessão de Mohammed (não como profeta, mas como representante ou governante da comunidade) irá surgir a divisão em duas grandes correntes muçulmanas: os sunitas e os xiitas. Outro tipo de divisão dentro do Islã diz respeito às escolas de interpretação ou de jurisprudência religiosa. Já no início do Islã surgiram métodos diferentes de interpretação do Alcorão. Esses diferentes métodos são chamados de escolas. Existem quatro escolas mais famosas, cada qual iniciada por algum mestre antigo. São elas, por ordem de antiguidade, a escola dos seguidores de Abu Hanifa (Hanafitas), de Malik ibn Anas (Malikitas), de Mohammed ibn-Schafi'i (Schafiitas) e de Ahmed ibn Hanbal (Hanbalitas). As diferenças entre as diversas escolas não estão tanto no conteúdo, mas sim no método de encontrar a interpretação da lei. Essas escolas podem ser também consideradas – para usar um jargão – mais liberais ou mais rigoristas na interpretação da lei. Além disso, elas influenciam determinadas regiões islâmicas, de modo que são um elemento importante na compreensão das diferenças culturais entre os diversos islãs.

Os sunitas

Entre os muçulmanos existem diversas correntes religiosas e a maior delas é a dos sunitas. Perto de 90% dos muçulmanos pertencem a esse grupo. O surgimento da corrente religiosa dos sunitas acontece no início histórico do Islã, quando da morte do Profeta Mohammed e está ligado com a questão da sucessão. O profeta não havia organizado a comunidade dos fiéis num sentido institucional: com estruturas de ordem e comando. Durante sua vida era óbvio que a liderança era por ele exercida. E como sua liderança advinha de sua autoridade religiosa e estava ligada ao fato de ser ele o Profeta, isto é, aquele que recebia as revelações divinas, não havia a questão de sua sucessão. Assim, apenas quando de sua morte, ocorrida no ano 632, é que essa questão passa a existir. Está claro para todos os fiéis que não se trata de sucessão no sentido de ser um novo profeta. O que se discute é quem será o califa da comunidade dos fiéis. A palavra "califa" (do árabe *khalifah*) pode ser traduzida como representante, mas também governador ou líder. Como não havia qualquer indicação de critérios para a sucessão, formam-se basicamente dois grupos de opinião não só sobre o sucessor, mas sobre sua função. Um grupo entende dever ter o sucessor tanto um papel de autoridade social e política como também de autoridade religiosa. Outro grupo entende que o sucessor deve ter apenas uma autoridade social e política, e não religiosa. Esse grupo conseguiu maioria na reunião do conselho e elegeu Abu Bakr, sogro de Mohammed, pertencente a uma família da cidade de Meca, como primeiro califa. Na compreensão desse grupo, a principal função do califa é zelar pela tradição deixada por Mohammed. Em árabe, "tradição" é "*sunna*". Por isso, os membros desse grupo passaram a ser chamados de sunitas, isto é, aqueles que são a favor da tradição. Abu Bakr exerceu seu califado por apenas dois anos (632-634), e, após sua morte, o conselho elegeu para a função de califa a Omar, outro membro da mesma corrente sunita. Este ficou 10 anos na função (634-644), e após sua morte foi sucedido por Othman, igualmente da mesma corrente religiosa sunita. O califado de Othman durou 12 anos (644-656), quando então foi eleito um califa da outra corrente religiosa. A esses três primeiros califas deve o Islã muitos elementos de sua estruturação. Foi inclusive nesse período que o Alcorão – o livro sagrado – foi posto por escrito, dado que no início era somente recitado de cor.

Os xiitas

Na discussão a respeito da sucessão do Profeta Mohammed, fundador do Islã, falecido no ano de 632, um grupo defendia que deveria ser eleito califa (representante) dos fiéis alguém da parentela do Profeta, entendendo que um membro da família compartilharia de sua natureza religiosa. Ao califa caberia então uma liderança não apenas política e social, mas também em termos de religião. O desejo dessas pessoas é ver eleito para o califado Ali, genro do Profeta. Nas três primeiras eleições havidas para a função de califa, esse grupo não consegue fazer eleger Ali. Mas continuava sempre a apoiá-lo; por isso o grupo passou a ser chamado de o seu partido, em árabe, "*shi'a*". Aos poucos essa palavra passa a ser usada para designar o grupo em torno da devoção da família do

Profeta: os xiitas. E assim surge a designação para esse grupo dentro do Islã, ao qual faz parte hoje cerca de 10% dos muçulmanos. A persistência na candidatura de Ali para o califado obteve êxito quando da eleição do quarto califa, no ano de 656, após o assassinato de Othman. Mas a eleição de Ali para o califado não foi tranquila: houve diversas batalhas. Em meio a divergências, Ali foi assassinado no ano de 661 e o senhor de Damasco, Muawiya, toma para si o califado, tornando-o hereditário. Funda-se assim a primeira dinastia muçulmana, a dos Omíadas, que ficou no poder de 661 a 750. Boa parte da tradição muçulmana entende, entretanto, que só os primeiros quatro califas foram legítimos representantes dos fiéis, chamando-os de "califas bem-guiados". Os partidários de Ali (xiitas) continuam, porém, na compreensão de que a sucessão do Profeta deve ficar dentro da família e veem nos filhos de Ali os candidatos naturais. O filho mais velho de Ali, Hassan, renuncia, no entanto, à pretensão do califado. Quando da morte de Muawiya (680), o califado é passado ao seu filho Yazid. Mas o segundo filho de Ali, Hussein, reivindica o direito ao califado. As tropas de Yazid irão cercar e matar Hussein e seus companheiros na Planície de Karbala (Iraque). Com essa morte, os partidários (xiitas) irão romper com a tradição (com os sunitas), marcando assim uma divisão dentro do Islã. Essa divisão não foi superada até os dias de hoje. Mais do que isso, ao longo da história, os xiitas foram bastante perseguidos pelo grupo majoritário dos sunitas.

As subdivisões no Budismo:
as duas grandes correntes religiosas

A tradição religiosa budista nunca teve uma organização centralizada. Sua institucionalização ocorreu aos poucos, à medida que essa tradição religiosa se expandia. Diz a tradição que ao final de sua existência, Siddhartha Gautama – o Buda – teria sido perguntado sobre a instrução que deixaria aos seus discípulos. A isso teria respondido que não há nenhuma instrução, que há somente o Dharma (i. é, a Lei ou Doutrina). E assim ocorreu. Após a vida de Siddhartha, no século V – antes da contagem comum –, sua tradição foi se expandindo a partir da Índia tanto para o Sul e Sudeste Asiático (hoje Sri Lanka, Myanmar, Tailândia, Laos etc.), bem como para o Norte e Noroeste (hoje Nepal, Paquistão, Afeganistão etc.), chegando cerca de quatro séculos mais tarde ao Extremo Oriente (hoje China, Coreia, Japão etc.). No processo de expansão, o Budismo foi se adaptando às culturas onde se fez presente e ao mesmo tempo criando tanto compreensões distintas do Dharma, bem como estruturas diversas de organização. Essa é a origem das grandes correntes religiosas que estão na base das muitas subdivisões budistas. Uma primeira divisão irá surgir já nos primeiros séculos do Budismo, e a origem dela está na compreensão do seguimento do Dharma. O Budismo primitivo é organizado em comunidades (as chamadas Sanghas), por pessoas que deixavam tudo – família, propriedades – por escolher uma outra forma de vida. Essas pessoas – comumente chamadas de monges budistas – organizaram-se em comunidades com regras bastante exigentes e dedicavam também parte de suas vidas à pregação. Fica claro que essa forma de vida não é para todos e exige muita ascese e renúncia. Aos poucos surge, entretanto, a vontade de muitas pessoas de seguirem esses ensinamentos, mas em uma forma de vida não tão rigorosa e radical. Esse tipo de Budismo se popularizará, e por possibilitar o seguimento de um maior número de pessoas foi chamado de Budismo Mahayana, que pode ser traduzido como Grande Veículo, isto é, um Budismo que pudesse acolher mais gente. Em contrapartida, o Budismo mais rigoroso e tradicional passou a ser chamado – equivocadamente – de Hinayana (Pequeno Veículo), por ser entendido como uma opção religiosa para menos pessoas. Os que seguem essa corrente de disciplina monástica mais antiga preferem, no entanto, se autonomear *theravadins* (que significa: "seguidores da doutrina dos mais velhos"). Surgem, assim, nos primeiros séculos dessa tradição, duas grandes correntes religiosas que marcam essa religião até hoje: o Budismo Theravada e o Budismo Mahayana.

O Budismo Theravada

Desde a morte de Siddhartha Gautama, o Buda, ocorrida no século V antes da contagem comum, a tradição religiosa por ele iniciada, chamada de Budismo, ao se expandir pelo mundo também se dividiu em muitas compreensões e formas de organizações. Estas são chamadas geralmente de escolas budistas. Das muitas que surgiram, diversas já desapareceram (e outras estão surgindo ainda). Das escolas surgidas já no Budismo primitivo, a mais antiga que sobrevive até hoje é o chamado Budismo Theravada, a doutrina dos anciãos. Essa escola se expandiu, sobretudo, ao Sul da Índia e hoje está presente especialmente no Sri Lanka, na Birmânia, na Tailândia, no Laos e no Camboja. Também se deve a essa tradição a produção de um enorme grupo de escritos, entre eles justamente as coleções mais antigas de textos dessa tradição, o cânon páli. As diferenças entre as diversas escolas surgiram tanto por compreensões diferentes a respeito da disciplina de vida e o cumprimento das regras como também por compreensões filosóficas diferentes sobre a existência e a maneira de se alcançar o nirvana, isto é, a libertação de todos os laços que prendem o ser humano à ilusão da permanência da individualidade. Vários elementos caracterizam a tradição Theravada. Entre eles está a disciplina monástica e o esforço pessoal, por isso essa escola é também chamada de

Budismo da vida de disciplina e da produção do mérito. Não há divindade ou mestre que possa revelar o caminho da libertação do ciclo de reencarnações. Essa libertação é fruto do esforço pessoal por um lado para compreender a natureza da realidade e por outro, seguir essa descoberta por meio da disciplina do corpo e da mente. Quem descobre a natureza da realidade é alguém que se iluminou, um Buda portanto. E este, após a descoberta, deixa tudo para seguir a vida em comunidade, na chamada Sangha. Este é um elemento importante e muito considerado nessa tradição: a saída da família para viver em comunidade. Compreende-se assim, que na tradição Theravada, os monges têm um papel importante, embora haja muitos leigos que sigam essa escola. Os leigos, entretanto, não estão sujeitos à maioria das regras de disciplina dos monges. Essas regras dizem respeito tanto à meditação quanto ao cotidiano, como o que vestir (e quando), regras para alimentação, regras para relacionamentos, regras para praticamente todos os detalhes do dia a dia. Especialmente por conta da rigidez das regras, essa forma de Budismo é por vezes chamada de Hinayana, que quer dizer "pequeno veículo", no sentido de que é para poucos e não para muitos.

O Budismo Mahayana

No desenvolvimento histórico do Budismo, a segunda grande escola que irá se formar é o chamado Budismo Mahayana. As origens dessa escola podem ser encontradas já no início do Budismo, mas é cerca de dois a três séculos depois da morte de Siddhartha, portanto pelo século II antes da contagem comum, que essa forma de Budismo pode ser já percebida como tradição diferente da escola Theravada. A palavra "*mahayana*" significa "grande veículo" e designa uma espécie de autocompreensão dessa tradição: a de ser uma proposta de seguimento não tão rigorosa em termos de disciplina e regras, podendo assim levar consigo muito mais pessoas (por isso, "grande veículo"). E assim geralmente se usa a expressão "menos rigorista" para designar essa tradição, embora não seja ela de todo correta. O Budismo Mahayana nasce muito mais como um movimento do que propriamente como uma escola de interpretação. Esse movimento irá aos poucos elaborar sua compreensão dos ensinamentos do Buda histórico e sistematizá-lo de maneira que essa escola tem também seu próprio cânon de escritos. Diversas são as características que estão na base desse movimento. Entre elas podemos citar: a) uma forma própria de entender a existência como desprovida de qualquer substância duradoura. b) A compreensão que irá se criar da figura do Buda histórico, entendendo sua iluminação como única e exemplar, de maneira que, nesse movimento, a figura do fundador tem um papel especial e não apenas os ensinamentos do Dharma (doutrina). c) Para esse papel diferenciado da figura de Siddhartha contribuíram especialmente os chamados *stupas*, lugares de culto e rituais, bem como templos, onde a pessoa do Buda histórico é reverenciada. Conta a tradição que o corpo de Siddhartha foi cremado e suas cinzas foram divididas. Os *stupas* teriam surgido ao redor de algum lugar que tivesse recebido parte dessas cinzas. d) Quem vai construir esses lugares são, sobretudo, seguidores leigos dessa doutrina, isto é, aqueles que não viviam em comunidades. Assim, na origem dessa tradição está também um papel especial daqueles que não são monges. e) Mas talvez o elemento que mais caracteriza a escola Mahayana é o chamado ideal do Bodhisatva. A palavra quer dizer "ser a caminho da iluminação", e nessa tradição se entende que há pessoas que nascem destinadas à iluminação e – por compaixão aos seres humanos e para ajudá-los – essas pessoas podem permanecer neste mundo por diversas encarnações. Essa forma de Budismo foi a que mais se expandiu, dando origem a muitas outras escolas.

O Budismo Vajrayana

Dentre as diversas escolas budistas que se formaram já nos tempos antigos dessa tradição religiosa está o chamado Budismo Vajrayana. A palavra "*vajra*" pode ser traduzida como diamante ou raio e assim essa corrente do Budismo também é conhecida como o Veículo do Diamante ou o Veículo do Raio. Sua formação se dá a partir do Budismo Mahayana, do chamado grande veículo, e tem seu ponto de origem no Norte da Índia, lá pelo século III. Essa forma de Budismo também é conhecida como Budismo Tântrico, por fazer uso de rituais mágico-religiosos que visam o poder pessoal tanto sobre a natureza como sobre as forças e energias do próprio ser humano. O surgimento dessa forma de Budismo está ligado historicamente ao encontro do pensamento budista com a religião praticada à época mais ao Norte da Índia, indo até onde hoje se encontra o Tibete. Nessa região, a religiosidade era marcada pelo uso de rituais de caráter esotérico, combinando ritos e cânticos (mantras). O encontro do pensamento budista com essa religiosidade vai proporcionar o desenvolvimento de um Budismo marcadamente ritualístico. E talvez esta seja a principal característica dessa forma de Budismo: a ritualização religiosa, o que não ocorria tão acentuadamente nas outras escolas budistas de então, marcadas mais pela disciplina, pela vida em comunidade e pelo seguimento da doutrina (Dharma). Doutrinariamente esse Budismo tântrico não se distanciará muito das outras escolas da época, mantendo a centralidade da compreensão da vacuidade da realidade (a não permanência da realidade) e a consciência sobre isso. Essa forma de Budismo irá permitir, no entanto, que adentrem para a tradição elementos da religiosidade presente naquela região, marcada por divindades, ritos, práticas mágicas, alquímicas e outras. Se tudo é criação do próprio espírito humano e desprovido de existência em si, os deuses são igualmente tão reais ou irreais como o resto do universo. Assim, pois, sem esquecer da vacuidade como conceito fundamental, por que não se utilizar também dessas criações da consciência como elementos para compreender a não realidade dessas criações? Dessa maneira, elementos da religiosidade anterior à chegada do Budismo nessa região foram acolhidos e reinterpretados numa nova perspectiva.

O Zen-budismo

Uma das escolas ou tradições budistas mais conhecidas e difundidas pelo mundo é o chamado Zen-budismo (ou Budismo Zen). O nascimento dessa tradição está ligado tanto a elementos históricos quanto geográficos e como doutrinais e de práticas. Em termos históricos, essa tradição tem seu nascimento em torno do início da era cristã, quando o Budismo já contava com cerca de quatro séculos de existência e havia se consolidado em muitas regiões do Sudeste Asiático e atingido grandes regiões ao Noroeste da Índia. Nesse período, haviam se formado também já diversas escolas ou tradições filosófico-religiosas, bem como muitas estruturas de comunidades, sendo algumas delas posses. Dentro de uma dessas escolas, o Budismo Mahayana, surgira o desejo de retorno a um Budismo mais simples e pobre. Essa mesma corrente budista chega, no início da era cristã, à China. A China era marcada por suas correntes filosófico-religiosas: o Confucionismo e o Taoismo. Quem acolheu a chegada do Budismo na China e traduziu seus textos básicos se utilizou de termos taoistas, por entender ser essas duas formas de pensamento mais próximas. Isso foi decisivo para a grande acolhida do pensamento budista no mundo chinês. Embora essa nova filosofia tenha sido interpretada de maneiras diferentes, uma dessas se destacou historicamente, a escola *Ch'an*, que irá se transformar no que é hoje conhecido como Zen-budismo. Essa forma de Budismo irá se expandir para a Coreia e de lá para o Japão. No Japão, embora tenha sido acolhida no início com uma certa desconfiança, ao longo do tempo ganha grande espaço e pelo século VIII, o Japão já irá contar com um grande florescimento tanto de escolas de pensamento quanto de prática do Zen-budismo. Do ponto de vista doutrinal, é central para essa forma de pensar a ideia de que todos os seres já estão iluminados, apenas o ignoram. É necessário, pois, despertar a consciência sobre a própria natureza. E isso se consegue não através de estudos, livros, filosofias ou outras atividades intelectuais, mas sim basicamente pela meditação. E este é certamente o cerne do grande sucesso e acolhida do Zen-budismo: sua proposta de meditação simples ("senta-se apenas"), como caminho de superação da mente dualista e racional. A simples experiência da meditação como caminho para o reconhecimento da verdadeira natureza da existência é a proposta que está, pois, na base desta que se tornou a mais conhecida e difundida escola budista.

O Budismo Tibetano

O Budismo Tibetano – por vezes também chamado de Lamaísmo – é o mais novo dos grandes ramos dessa tradição religiosa. A história do surgimento dessa forma de Budismo está relacionada com o encontro das ideias budistas com a religião do Tibete. Esse encontro se deu em diversas fases. Num primeiro momento, o Budismo é levado ao Tibete no século VII, quando ocorreram tanto traduções de textos do cânon budista pelos tibetanos quanto a instalação de comunidades budistas naquele país. Os ramos que vão tomar contato com o Tibete são o Budismo Vajrayana (Budismo caracterizado especialmente pelos rituais tântricos) e o Budismo Mahayana (o chamado Grande Veículo). No século IX, esse Budismo é perseguido e expulso do Tibete, tendo voltado, num segundo momento no século XI. A partir desse período há um grande florescimento religioso budista no Tibete, com criação de muitos mosteiros e escolas. Nessa forma de Budismo, o mestre tem uma função primordial. E o mestre é chamado de Lama. Os maiores mestres passaram a receber o título de dalai-lama, que literalmente significa: "mestre cuja sabedoria tem o tamanho do oceano". Os dalai-lamas tinham sob sua coordenação mosteiros com milhares de monges, o que os fazia muito influentes na sociedade. Essa forma de Budismo irá crescer e tomar tanta influência no Tibete, que o 3º dalai-lama (Sonam Gyatso, 1543-1588) passa a exercer também o poder temporal no país. O Tibete é um país que há séculos vivia em laços de dependência maior ou menor da China. E a relação dos dalai-lamas com essa dependência foi relativamente mantida durante os séculos seguintes. A situação muda radicalmente quando da tomada do poder na China por Mao Tsé-Tung. No ano de 1950, a China coloca o Tibete sob administração direta, tornando-a uma província chinesa. Na ocasião, o 14º dalai-lama (Tenzin Gyatso) se refugia na Índia e passa a viver como exilado. A partir do exílio, ele leva essa forma de Budismo para muitos outros países, de maneira que o Budismo Tibetano – até então praticamente restrito ao Tibete e região – conhece uma grande expansão, sobretudo no Ocidente. Em termos de doutrina, essa forma de Budismo tem muitas particularidades, especialmente de rituais e estruturas. Mas uma das características mais marcantes é a ideia de que a compaixão é o caminho que leva à libertação (salvação) e o *bodhisattva* (ser a caminho da iluminação) deve ajudar os seres vivos no seu caminho de libertação.

As subdivisões do Hinduísmo

O título deste texto – as subdivisões do Hinduísmo – conduz provavelmente o leitor a duas interpretações errôneas. A primeira delas é a pressuposição de que existe uma religião chamada Hinduísmo e a segunda é a de que essa religião tem diversas subdivisões surgidas ao longo do tempo. Esse tipo de compreensão é válido para o Cristianismo, o Budismo, o Islã. Mas não para o Hinduísmo. Para desfazer as interpretações errôneas é preciso esclarecê-las: a palavra "hinduísmo" é derivada do termo "hindu", cuja utilização data apenas dos últimos dois séculos. A palavra em si não tem nenhuma conotação religiosa em sua origem e designa um rio (Rio Indo), que se localiza em boa parte dentro do atual Paquistão (mas também na Índia). Os ingleses, ao verem uma série de práticas e grupos religiosos, sem saber distinguir uns dos outros – a não ser os por eles conhecidos, como os muçulmanos, os cristãos, os *sikhs*, os jainistas – deram a esses grupos o nome coletivo de Hinduísmo. Desde então o termo tem sido apropriado cada vez mais para designar as religiões da Índia e do Nepal. O que aconteceu então é que uma série de tradições religiosas, com elementos comuns, mas também com muitos elementos díspares é que recebeu o nome de Hinduísmo, de modo que a diversidade de tradições está na origem da expressão Hinduísmo e não o Hinduísmo que teria se dividido em diversos grupos ou escolas. Considerando que o nome Hinduísmo é uma designação coletiva posterior, para indicar uma série de religiões, pode-se dizer então apropriadamente que há dentro do Hinduísmo subdivisões, isto é, grupos diferentes que estão incluídos num conceito comum. Tendo sido desfeita, pois, a interpretação errônea inicial, pode-se então olhar para esses grupos. As subdivisões hinduístas são muitas e possuem ricas tradições em muitos sentidos: de textos, de rituais, de organizações, de hierarquias, de músicas, de filosofia etc. Há três grupos, por sua longevidade, abrangência e representatividade, que se destacam: a tradição vaishnava (tb. chamada de Vaishnavismo), a tradição do Shaivismo e a tradição do Shaktismo. Seus nomes derivam da divindade principal de cada tradição: temos assim a divindade Vishnu e suas encarnações; a divindade Shiva e suas representações e a deusa Shakti com as divindades femininas.

O Vishnuísmo

Dentre as diversas tradições religiosas que compõem o que se convencionou chamar de Hinduísmo, uma das mais representativas é o Vaishnavismo. Ela é originária do Norte da Índia, de onde se expande por todo o país a partir do século VI antes da contagem comum. A figura central desse culto é o Deus Vishnu, por isso também se pode chamar essa religião de Vishnuísmo. Essa divindade, muito antiga na tradição religiosa e já nomeada nos escritos religiosos antigos, os vedas, é entendida como a divindade que mantém a existência, o Deus mantenedor. A importância desse culto crescerá à medida que irá com o tempo absorvendo outros cultos locais. Entre esses, está o culto a Krishna e também os cultos solares. A figura de Vishnu é sempre a figura de um Deus onde prevalecem os traços de bondade. O culto a Vishnu quer levar a pessoa a uma união com ele. Para seus fiéis, Vishnu é a fonte da qual emana o mundo, ele o conserva com sua atividade e o absorve a si ao final de cada etapa de existência. Após uma pausa na existência, o ciclo recomeça com uma nova emanação do mundo. Nesses ciclos de existências, Vishnu pode também vir a se encarnar. Avatares são chamadas essas encarnações. Nas muitas encarnações, Vishnu vai tomando formas diversas, desde figuras míticas que desempenharam alguma tarefa determinada no passado longínquo, até figuras de outras divindades, que seriam avatares de Vishnu. Uma das encarnações mais importantes seria justamente a de Krishna. Essa divindade é uma figura antiga e muito popular ligada ao culto dos pastores. A união de Vishnu a Krishna o torna bastante presente na religiosidade popular. E justamente à união com esse culto deve Vishnu grande parte de sua popularidade. Essa ideia de que o Deus Vishnu se encarna (torna-se avatar) continua presente no seu culto e foi desenvolvido com o tempo. Assim, para a tradição Vaishnava, é possível a interpretação de que Buda era um avatar de Vishnu ou então mais recentemente a compreensão de que Gandhi ou mesmo Jesus Cristo poderiam ser interpretados como avatares de Vishnu. Sempre que alguma figura tenha desempenhado um papel importante e bom na história, ela pode ser vista como um avatar de Vishnu. É inclusive um costume na Índia dar a pessoas ilustres o título de avatar. Mesmo dividido em diversas correntes, em diversas linhas, com cultos diferentes, o Vishnuísmo é até hoje uma das mais importantes religiões hinduístas.

O Shivaísmo

Dentre as tradições religiosas que foram chamadas pelo nome coletivo de Hinduísmo, existe o Shivaísmo – nome derivado da divindade principal desta tradição, cultuada como Shiva. Trata-se de uma tradição religiosa muito antiga, originada em cultos do chamado tempo pré-ariano, isto é, anterior à chegada na Índia dos povos indo-europeus, o que começou a ocorrer cerca de 1500 antes da contagem comum. A divindade dessa tradição religiosa é já nomeada nos escritos antigos, os chamados Vedas, mas com o nome de Rudra, o terrível, o espantoso. Só a menção de seu nome já poderia causar efeitos não desejados e por isso passou – eufemisticamente – a ser chamado de Shiva, o bondoso. É, contudo, o senhor dos mundos, que governa a vida, com poder de destruir e matar. E, como há a compreensão de existência cíclica nessas tradições religiosas, a destruição da vida, a morte, leva também ao renascimento. Shiva é então uma divindade da ambiguidade e do paradoxo: é a força da destruição, mas também a força do nascimento, da criação. Como criador tem claramente um caráter sexual, apesar de que com o passar dos tempos o culto a esse caráter de Shiva tenha sido dissimulado e estilizado. Nesse caráter de criador, o culto a Shiva também está ligado ao culto da fertilidade, o que mostra sua ligação com alguma divindade originária da agricultura. Shiva assume o princípio masculino e feminino. O feminino manifesta-se como Shakti, tida às vezes como esposa de Shiva e tem um aspecto pacífico e outro destruidor. Essa figura feminina de Shiva aparece em muitas formas e formas contrapostas. O caráter destruidor de Shiva fez com que essa tradição religiosa também se ligasse à ideia da destruição da ignorância. E assim aparece um terceiro aspecto de Shiva (ao lado de criador e destruidor), que é o de asceta divino e invocado pelos ascetas. Nesse aspecto, ele difere muito dos dois anteriores, o que leva a crer que essa função é outra sincretização com uma divindade pré-védica. O culto a Shiva e a meditação leva à destruição das amarras da matéria e a atingir a plenitude da consciência. O aniquilamento dessas amarras apaga a ignorância e liberta a alma do crente do ciclo repetitivo da existência neste mundo. A ascese e a meditação como caminhos ou instrumentos de libertação, fizeram com que a figura de Shiva seja também chamada de Senhor do Yoga. Uma das figuras mais populares ligadas a Shiva é Ganesha (o deus com cabeça de elefante), tido na mitologia hindu como seu filho.

O Shaktismo

O Shaktismo não é propriamente um culto tão delineado dentro das tradições religiosas chamadas de Hinduísmo, como o é o Vishnuísmo e o Shivaísmo. Se essas duas tradições religiosas acontecem em torno de duas divindades específicas – Vishnu e Shiva – com todas as suas multiplicidades, o Shaktismo é a religião que ocorre em torno de um aspecto das divindades na Índia, a força ou energia Shakti. Essa força não é necessariamente entendida como uma deusa, mas como a força ou aspecto feminino de muitas divindades. Em algumas tradições esse aspecto feminino é entendido como a esposa da divindade. Faz, pois, parte da tradição das religiões hinduístas a ideia de que cada divindade pode encarnar-se (avatar) ou então ter uma esposa ou um aspecto feminino (Shakti). O culto a essa força feminina é chamado genericamente de Shaktismo, que pode ser entendido também como uma Mãe Divina ou Deusa Suprema. A Deusa é uma figura contraditória e ambivalente nas tradições hinduístas: pode por um lado ser fonte de vida, transmitir bondade, abundância, generosidade, graciosidade e ser uma espécie de modelo ideal para as mulheres e esposas; mas podem as deusas, por outro lado, serem forças terríveis, destruidoras, sedutoras, eróticas, perigosas. Típico do primeiro modelo é Lakshmi, Shakti de Vishnu, deusa da harmonia, da doçura, da beleza, da opulência; já Kali, uma das Shakti de Shiva, representa o aspecto destruidor, da dança da morte, ou a Shakti Durga, que é representada com dez braços, com armas de guerra. Esse tipo de culto, à força feminina, é muito antigo e pode ter tido origem ainda nos tempos pré-históricos. Mas sua ascensão se deu especialmente a partir do século VI, quando esse aspecto de deusa da guerra (e da vitória) foi assumido pela casta dos nobres e guerreiros. A ascensão desse culto teve seu ápice no século X, quando chegou a superar inclusive o culto a Shiva e a Deusa Kali foi representada dançando sobre o cadáver de seu esposo (Shiva). Essa representação da destruição e subordinação é também interpretada – dentro da tradição shivaísta – como uma implosão final da ignorância e ação libertadora da consciência sobre si mesma. Independentemente de seu aspecto mais bondoso, como Lakshmi, ou de seu aspecto mais terrível, como Kali, o Shaktismo é um culto que perpassa todos os níveis do Hinduísmo.

O Jainismo

O Jainismo não é propriamente uma tradição religiosa que possa ser considerada uma subdivisão no Hinduísmo atual, mas é uma tradição religiosa que nasceu dentro do mundo da Índia antiga, fruto da grande revolução religiosa ocorrida nos séculos VII a V antes da contagem comum. O mundo religioso hindu era até então bastante baseado na relação entre os fiéis e os deuses, relação essa mediada pela casta dos brâmanes, e fortemente baseada em sacrifícios. Esse sistema religioso – por vezes também chamado de Bramanismo – entra em colapso quando emergem outras ideias religiosas nas quais há um maior acento na importância da busca religiosa pessoal em detrimento do sistema de sacrifícios mediado pelos brâmanes. Os sistemas religiosos que emergem dessa revolução são classificados em ortodoxos e não ortodoxos. Os ortodoxos são aqueles que continuam aceitando a autoridade religiosa dos escritos sagrados dos Vedas, enquanto os não ortodoxos rejeitam essa autoridade. Entre estes, estão o Budismo – o mais conhecido e difundido – e o Jainismo. O fundador dessa tradição é conhecido pelo cognome de Mahavira, "o grande herói" e viveu no século VI antes da contagem comum. Na sua doutrina, a via que conduz à libertação é composta pelas três joias: a visão correta, o conhecimento correto e a conduta correta. O universo, desde todo o sempre, é composto de almas individuais vivas (jivas) e matéria não viva (ajivas). Os jivas tem a capacidade da onisciência, da perfeição moral e da felicidade eterna. Eles podem, porém, não chegar a realizar essa capacidade, pois estão desde seu início entrelaçados com substâncias materiais, estando por elas contaminados. A libertação é possível quando se retira a matéria neles impregnada e se impede de entrar nova matéria. O caminho para isso passa pela ascese e uma conduta de vida virtuosa. Para isso se exige os votos de: não mentir, não pegar nada do que não lhe foi dado, renunciar a prazeres de coisas mundanas, e especialmente, não matar seres viventes. O fiel não pode matar nenhum animal, nem o sacrificar, nem fazer qualquer violência. Esse rigor de suas exigências morais fez com que a religião nunca tenha atingido a grande massa do povo. É uma minoria, mas com princípios de grande influência na Índia. Ideias como a doutrina da Ahimsa (não violência contra qualquer ser vivo) tiveram e têm sua influência até hoje. O Jainismo conta com cerca de 4 milhões de adeptos e praticamente não se expandiu para além das fronteiras da Índia.

10
As religiões e seus deuses

Os deuses e deusas nas religiões

A crença na existência de Deus ou deuses e deusas é um fenômeno presente em muitos povos e religiões. Quando teriam surgido essas crenças? Sobre isso não se tem nenhuma clareza, pois isso se confunde com a história da própria humanidade. Nas informações sobre povos, culturas e religiões muito antigas já estão presentes ideias sobre a existência de divindade. O que é, porém, uma divindade? Sobre isso também não há nenhuma definição. Há apenas a constatação de que há a crença em seres ou entes aos quais se convencionou chamar de deuses. Mas não há absolutamente nenhum padrão ou consenso sobre um conceito pelo qual se poderia inferir o que é ou o que não é uma divindade. Para muitos, a crença em divindade ou divindades é um elemento constitutivo da religião, ou seja, para ser uma religião é preciso também ter alguma divindade. Essa convicção, muito presente no Ocidente por conta da tradição judaico-greco-cristã-muçulmana, não se sustenta quando se percebe que há religiões – como o Budismo, por exemplo – nas quais não há qualquer referência a alguma divindade. Assim sendo, não se pode considerar que a crença em ser ou seres divinos seja inerente às religiões. E quando se volta o olhar para as compreensões a respeito de divindades nas diversas religiões, fica claro que há uma profusão de ideias em torno dessa crença. A título de exemplo dessa diversidade há tanto a ideia de deuses (masculinos) como também de deusas (femininas). Em diversas tradições religiosas há a crença em divindades locais, isto é, deuses/deusas que habitam seja um rio, uma montanha, uma floresta... Em outras religiões existe a compreensão de que às divindades cabe controlar ou gerir determinadas funções, havendo deusas/deuses da colheita, do amor, da fertilidade, das chuvas... Nestas, desenvolveram-se geralmente rituais para se obter a benevolência da determinada divindade em sua especialidade. Em algumas religiões há também a ideia de que há apenas uma divindade, com atributos como onipresença, onipotência, onisciência... Teria sido essa ideia monoteísta um desenvolvimento posterior na história das religiões? Difícil dizer. Os estudiosos divergem nessa questão. Há os que defendem que o monoteísmo seria uma compreensão posterior, há os que entendem ser o monoteísmo a crença mais antiga, tendo se desenvolvido posteriormente a ideia plural de divindade, bem como a de não existência de divindade. E há os que entendem não haver necessariamente uma linha de continuidade entre as duas compreensões. Outra pergunta sem resposta é a sobre a origem das divindades: em algumas tradições elas existem desde todo o sempre, em outras foram criadas e em outras ainda há inclusive a compreensão de seres humanos (o rei ou imperador, p. ex.) serem divindades.

A origem da palavra "Deus"

O termo Deus, a língua portuguesa o tomou tal e qual da língua latina, sem tirar nem pôr letra alguma. Em português, como também em sua origem latina, a palavra permite gênero (deus/deusa) e flexão (deuses/deusas). As diversas línguas neolatinas também tomaram do latim esse termo, com alguma pequena alteração ou não; assim temos, por exemplo: no espanhol, *Dios*; no francês, *Dieu*; no italiano, *Dio*; no catalão, *Déu*; no galego, *Deus*; etc. Esse vocábulo, que está na origem de uma série de palavras parecidas nas línguas neolatinas, não é, entretanto, originariamente latino. Outras línguas, inclusive muito antigas, como o sânscrito (que usa para isso a palavra "*devas*"), se utilizaram do mesmo radical. O fato de haver em muitos idiomas uma grande semelhança para a palavra "deus" instigou os pesquisadores a buscar por sua fonte. Hoje concorda-se que na origem desse termo está o radical proto-indo-europeu "*deiwos*". Indo-europeus são os povos que há cerca de 6 mil anos, partindo das regiões ao Norte do Mar Negro e em levas sucessivas, acabaram invadindo toda a Europa, boa parte do Oriente Médio, atingindo inclusive a Índia. Muitas palavras e estruturas linguísticas que temos hoje no Ocidente são oriundas da língua falada pelos indo-europeus. E entre elas está justamente o vocábulo "*deiwos*", palavra que pode significar em sua origem simplesmente *céu*, *luz* ou *dia* sem nenhuma personificação, como aconteceu posteriormente com as divindades. Assim, sabemos que na origem do radical da palavra "Deus" está não necessariamente a ideia de um ser superior ou "divino", mas sim um conceito que aponta para um fenômeno cósmico: o céu, o dia ou a luz. Isso nos leva a crer que a palavra "Deus" não derive de uma compreensão de algum ser local ou responsável por determinada tarefa, mas que aponte muito mais para a experiência da amplidão, do alto, da claridade, da luz. Também ligado a isso se pode ver a ideia de altura, de imensidão, de transcendência – isto é, de algo que vai além da realidade limitada ou limitável. E talvez com isso também se ligasse alguma compreensão de soberania, de estar sobre o todo ou acima do todo. Trata-se, entretanto, de especulações a partir das constatações sobre a origem da palavra "deus".

O Deus Javé

O Judaísmo é uma religião monoteísta, isto é, que crê que há um só Deus: Javé. Essa afirmação pode ser aceita como correta a respeito do Judaísmo, mas há uma longa história até se poder afirmar isso. E diversos são os elementos implicados nessa história. Os judeus são herdeiros de textos sagrados antigos, de antes mesmo de serem chamados de judeus, quando se chamavam de hebreus e israelitas. Esses textos testemunham uma história muito interessante do conceito de Deus nessa tradição religiosa. Neles, um dos nomes mais antigos e recorrentes para a divindade é Elohim. Essa palavra é o plural de um termo genérico *el* ou *ilu*, palavra usada para divindade entre os povos semitas. Nessa linha, a palavra poderia ser traduzida simplesmente como deuses, mas por vezes é interpretada como "o Deus dos deuses", numa compreensão claramente monoteísta que não está necessariamente presente nos textos antigos. Essas mesmas fontes antigas – isto é, o texto bíblico – utilizam outros termos para a divindade, como El Shaddai (que poderia ser traduzido como Deus das alturas ou das planícies), El Berith (Deus das alianças), El Sebbaoth (Deus dos exércitos), Adonai (o Senhor) e Javé (Yahweh, YHWH). Seriam divindades diferentes ou apenas termos diferentes para a mesma divindade? A partir do ponto de vista religioso posterior, poder-se-ia falar em variações para o mesmo nome. Mas, a partir do texto, isso não é tão claro assim, dado que há também cultos e rituais bastante diversificados: Assim há rituais com oferendas de frutos da terra, o que remete a cultos agrícolas; há outros com sacrifícios de animais, remetendo a cultos pastoris; há cultos feitos nos lugares altos; há rituais feitos sobre um amontoado de pedras etc. Essa diversidade de nomes, de costumes, de rituais dá a entender que ocorreu um processo de unificação religiosa de longa duração. Neste há dois elementos que parecem ser importantes: a centralização e unificação do culto na cidade de Jerusalém, com a construção do Templo, símbolo de unidade de culto e doutrina; e a ascensão da figura de Javé como o nome de Deus a ser utilizado nesse processo de unificação. Se o Templo de Jerusalém representa o esforço pela monolatria, isto é, a unidade de culto em torno de uma divindade; a ascensão de Javé representa o esforço que irá culminar claramente no monoteísmo judaico. Javé, nome de origem provavelmente madianita, será interpretado primeiramente como o Deus que fez aliança com o povo de Israel e o salvou da escravidão do Egito, para mais tarde ser compreendido como o Deus criador de todo o universo, assumindo assim a feição monoteísta professada pelo Judaísmo até nossos dias.

O Deus uno e trino

A compreensão de Deus na tradição cristã segue inicialmente a ideia judaica da época, ou seja, a compreensão de um Deus único e assume como próprio de sua fé as ideias desse Deus como criador, como juiz, mas também como pai. Essa compreensão de Deus como pai está já presente no Judaísmo na época de Jesus, mas não recebe necessariamente tanto destaque. Jesus irá, entretanto, tornar central na sua experiência religiosa a ideia de Deus como pai e num sentido bastante específico através da palavra "abba", conceito usado para pai somente na intimidade da família, isto é, pelos filhos. Com isso entra para o Cristianismo uma compreensão de um Deus mais próximo, mais íntimo do ser humano. Quando o Cristianismo, especialmente nos três primeiros séculos, sai do mundo judaico e adentra o mundo greco-romano, muitas questões novas serão objeto de discussão e de uma reinterpretação. Uma dessas temáticas é justamente o conceito de Deus. A discussão ocorre inicialmente num sentido específico: Qual é a condição de Jesus, chamado de "o Cristo"? Deveria ser ele considerado divino? Deveria ser considerado um ser humano muito especial? Deveria ser entendido como um semideus? Ou então não igual, mas apenas parecido com Deus? Havia entre os cristãos quem defendesse cada uma dessas posições. As discussões levaram à convocação do primeiro concílio da Antiguidade, na cidade de Niceia, no ano de 325. E ali os cristãos em sua grande maioria entenderam que correta é a interpretação de que Jesus é divino e humano. E isso foi posto na fórmula do Credo aprovada no Concílio. Essa fórmula segue em sua estrutura a fórmula batismal já presente nos textos do Novo Testamento: "Em nome do Pai, do Filho e do Espírito Santo". Porém, sobre o Espírito Santo, a fórmula do Credo coloca apenas "Cremos no Espírito Santo". E isso levou – após esse Concílio – à discussão sobre como entender o Espírito Santo. Seria o Espírito de Deus? Seria o Espírito de Jesus? No segundo concílio da Antiguidade, o de Constantinopla, no ano 381, foi então decidido claramente sobre a divindade do Espírito Santo, ele que "com o Pai e o Filho é adorado e glorificado". Em meio a toda essa discussão, surge então a formulação que foi assumida como a mais adequada para expressar a compreensão cristã de Deus: "um só Deus em três pessoas". Assim, o Cristianismo professa que há um só Deus, em Trindade de pessoas: a pessoa do Pai, a pessoa do Filho e a pessoa do Espírito Santo. E essa fórmula entra para a história como a expressão cristã correta sobre a divindade, embora sobre sua compreensão haja divergências até os dias de hoje.

O Deus Alá

A palavra Alá nos remete diretamente ao Islã, e, quando a ouvimos, o mais comum é que pensemos no Deus dos muçulmanos. Esse pensamento está correto, mas não de todo. Há diversos elementos a serem aqui considerados. Primeiramente, a palavra "Alá" não designa um deus particular. Ela é originária do árabe, *al Ilah*, que significa "*o Deus*", no sentido de o único Deus. Esse termo já era usado para designar o Deus único tanto por judeus como por cristãos de língua árabe antes do advento do Islã. Não se trata, pois, de um termo criado pelos muçulmanos, mas assumido por eles quando do surgimento dessa religião. Se judeus, cristãos e muçulmanos de língua árabe ao usarem essa palavra para designar o Deus único – dado que são religiões monoteístas – têm uma série de ideias em comum sobre a divindade, há entretanto para os muçulmanos elementos de interpretação que caracterizam especificamente a compreensão de Deus em sua tradição. Costuma-se dizer que o Islã é uma religião de monoteísmo estrito, quer dizer, que entende Deus não só como único, mas como de certa forma distante. Assim, diferentemente do Judaísmo ou do Cristianismo, com quem o Islã compartilha a ideia da revelação de Deus, Alá na compreensão muçulmana não se revela diretamente ao ser humano. Ele revela sua mensagem e essa revelação acontece através do anjo Gabriel que a traz aos profetas, dos quais Mohammed é o selo, isto é, o último. Ao ser humano é dado, pois, conhecer a mensagem de Deus/Alá. Nessa mensagem, como consta no Alcorão (sura 112): "Ele, Deus, é único. Ele é eterno. Ele não gera nem é gerado. Nada é igual a ele". Se há uma compreensão de um Deus distante, por outro lado há uma característica interessante sobre a compreensão de divindade na tradição muçulmana que o torna mais próximo, que são os chamados "99 nomes de Deus". Ou seja, há no livro sagrado, o Alcorão, 99 títulos ou atribuições feitas a Deus, que o caracterizam e o tornam, de certa maneira, mais compreensível ao ser humano. Os nomes mais citados são "o Clemente" e "o Misericordioso" (nas traduções mais comuns). Aliás, todas as suras (capítulos) do Alcorão começam justamente com esta invocação "Em nome de Deus, o Clemente, o Misericordioso", com exceção da sura 9. Apenas a título de ilustração, alguns dos outros nomes são o Soberano, o Santo, a Paz, o Fiel, o Vigilante, o Precioso, o Inacessível, o Criador, o Doador, o Dispensador etc. Em torno desses nomes a tradição muçulmana desenvolveu não apenas toda uma teologia, mas também muitos outros aspectos como a piedade e a arte.

Os deuses Brahma, Vishnu e Shiva

Entre as tradições religiosas mais conhecidas da humanidade, são certamente nas tradições hinduístas que temos a maior pluralidade de denominações de divindades. Essa pluralidade de divindades e seus respectivos ritos, cultos, fiéis e escritos é um fenômeno presente no que se chama de Hinduísmo desde a Antiguidade. Já nos escritos mais antigos, os Vedas, se nomeiam muitos deuses. E essa pluralidade permanece até os dias atuais, mas não com as mesmas nominações divinas. Em muitos casos, há divindades cujos nomes e cultos praticamente desaparecem ao longo do tempo e há outras que foram ganhando em importância e seguidores. Assim, especialmente após a grande revolução religiosa ocorrida na Índia em torno do século VII antes da contagem comum, três divindades receberam um destaque especial: Brahma, Vishnu e Shiva. Esse conjunto de divindades é chamado muitas vezes de *trimurti*, palavra que significa três formas ou três imagens. Assim, a *trimurti* indiana seria a tríplice manifestação ou forma divina que aparece em Brahma, Vishnu e Shiva, sendo que se atribui a cada qual funções diferentes: Brahma como criador do mundo, Vishnu como mantenedor da existência ou protetor do mundo e Shiva como o seu destruidor. Essa compreensão não é tão antiga na história religiosa da Índia e é mais fruto de reflexão filosófico-teológica que de organização ritual ou religiosa propriamente dita. Historicamente cada uma dessas divindades tem origem e culto diferentes. Brahma, que ocupava um papel de destaque na hierarquia divina ao final do período védico, não tem mais uma grande importância nas tradições religiosas hinduístas. Sua função após a revolução religiosa é entendida mais como um demiurgo ou um conselheiro. Já a trajetória de Vishnu e Shiva é muito diferente. Ambos são divindades já nomeadas nos escritos antigos, mas sem a proeminência que foram ganhando com o tempo. O aspecto dominante de Vishnu é o de ser organizador do espaço; quem sustenta e rege tudo o que existe. A Vishnu se atribui também a característica de se encarnar (tanto nos mitos como na história atual), assumindo funções e tarefas. Estes, que encarnam na história, são chamados de avatares de Vishnu. Ao lado dele, a outra divindade proeminente na Índia é Shiva, o grande Deus, o terrível, dos escritos antigos. A ele se atribui o domínio do tempo e o poder de dissolver o mundo, mas também de levá-lo à realização, à libertação. Dessa forma, ele é o verdadeiro guru, que guia os fiéis à sua meta final. A importância que Vishnu e Shiva foram ganhando ao longo do tempo também se deve ao fato de terem absorvido muitos cultos a divindades locais. E isso faz com que essas divindades possam ser interpretadas de maneiras muito diversas.

Os deuses Krishna, Ganesha, Lakshmi e Kali

Nas tradições religiosas hinduístas, que conhecem uma pluralidade muito grande de divindades, além de Brahma, Vishnu e Shiva – deuses que ocupam uma clara proeminência – há uma série de divindades muito populares. Destas pode-se destacar as figuras de Krishna, Ganesha, Lakshmi e Kali. A origem do culto a todas essas divindades é bastante antiga, mas com o passar do tempo esses cultos foram associados a outras divindades, relacionando esses deuses a divindades referenciais. Assim, por exemplo, a figura de Krishna é relacionada a Vishnu, da qual é tida como um avatar. A figura de Krishna é provavelmente de origem pastoril e ele é muitas vezes representado como um jovem a tocar uma flauta e conduzir um rebanho. Sua popularidade cresce como divindade da sabedoria e do aconselhamento, sobretudo através do escrito religioso épico chamado Bhagavad Gita, onde ele é quem guia o carro de guerra de Árjuna, o líder das tropas, e vai dirimindo suas dúvidas. Outra figura divina muito popular na Índia é Ganesha, palavra que significa Senhor das tropas divinas. Ele é representado por uma figura de corpo forte e juvenil, com uma cabeça de elefante, animal relacionado na Índia à sabedoria. Ganesha é o destruidor dos obstáculos e por isso simboliza a riqueza e o êxito. Desses aspectos decorre sua grande popularidade. A tradição o relaciona a Shiva, de quem seria filho. Mais uma figura divina muito popular na Índia é Lakshmi, deusa feminina, tida como *shakti*, isto é, esposa ou energia feminina de Vishnu. Ela é a deusa da beleza e da fortuna. É representada geralmente como uma mulher bela, sorridente e adornada de joias, sentada em uma flor de lótus. Seguindo as características de Vishnu, Lakshmi é uma deusa protetora e preservadora do mundo. Quase que em contraposição a Lakshmi, o Hinduísmo conhece a figura da deusa Kali, *shakti*, esposa ou energia feminina de Shiva. Cultuada preponderantemente no Noroeste da Índia, particularmente em Bengala, ela é chamada de "a Negra". Ela é a terrível força destruidora e sua representação mostra este caráter: tendo às mãos uma foice (e outras armas) e uma cabeça degolada, Kali aparece dançando sobre um cadáver. Ela simboliza, como Shiva, o controle do tempo, a noite cósmica, a morte. Mas com isso também a libertação e o destino a ser alcançado. Ela é a manifestação visível que conduz o fiel à totalidade invisível, ao absoluto. Krishna, Ganesha, Lakshmi e Kali são exemplos de divindades muito populares na Índia, com cultos, ritos, comunidades de seguidores independentes, mas geralmente relacionadas às divindades maiores Vishnu ou Shiva.

Os Deus Olorum

Na religião do Candomblé existe a figura do ser supremo chamado de Olorum. Ele também é conhecido pelos nomes de Olodum ou Olodumaré. Todos os três termos são de origem iorubana, o povo africano de cuja tradição religiosa surgiu o Candomblé brasileiro. Todas as três palavras têm em sua composição o termo "*ol*", que pode ser entendido como senhor ou dono. Assim Olodum poderia ser traduzido como senhor/dono do destino, Olodumaré como senhor/dono do destino eterno e Olorum, o nome mais utilizado, como senhor/dono do ilimitado, do sem começo e sem fim, da totalidade. Diferentemente, entretanto, da compreensão de divindade na maioria das religiões, Olorum não é entendido como um Deus interventor na realidade. Olorum é o princípio absoluto, ou talvez melhor, o princípio possibilitador de toda a realidade. A partir de Olorum tudo tem seu começo ou origem. Assim, se diz na tradição religiosa iorubana que Olorum é o detentor dos três princípios: Iwá, Axé e Abá. Iwá é o princípio da existência, é a possibilidade de ser. Tudo o que há em nossa realidade limitada e perceptível, tudo o que tem começo e fim – seja no tempo, seja no espaço – é dotado de Iwá, isto é, do princípio da existência. Esta, entretanto, não é inerte. Toda existência possui dinâmica, possui energia ou força. A isso os iorubanos chamam de Axé, o princípio da força, da energia, da dinâmica da existência. Todas as existências, que são dotadas de energia, têm um propósito de existir. Cada existência tem também objetividade, isto é, um porquê de seu existir. Nada existe sem sentido algum. A esse princípio do objetivo das existências, os iorubanos chamam de Abá. Na estruturação religiosa iorubana no Brasil, o Candomblé, muitas vezes só se fala em Axé, ao querer indicar os três princípios de Olorum. Como este, no entanto, não é um Deus interventor, mas sim possibilitador, ele confiou aos orixás a tarefa de administrar esses princípios. A cada orixá cabe reger algum âmbito da existência, de sua dinâmica e seus objetivos. Assim se entende o motivo pelo qual no Candomblé não existe nenhum ritual ou qualquer ação dos fiéis destinada a Olorum. Ele é o princípio, sempre a possibilidade. Destarte, Olorum tem tudo e a tudo possibilita, não cabendo a ele qualquer culto. As ações religiosas são voltadas, sim, aos orixás. E isso faz com que Olorum, mesmo sendo o princípio de tudo, não tenha praticamente nenhum papel no dia a dia da religião do Candomblé, dando a impressão, por vezes, inclusive de ser uma figura um pouco esquecida; quando na verdade se trata de uma compreensão toda própria e genuína de divindade.

11
As religiões e o calendário

Ano-Novo: as religiões e os calendários

Quando se está prestes a iniciar um novo ano, é tempo de fazer promessas, renovar desejos, fazer planos etc. A mudança de ano, com o novo ciclo de meses e dias, perfazendo 365 dias, irá demarcar e organizar muitas coisas na vida de cada pessoa. Para a grande maioria, a contagem do ano e seu ciclo é algo tão natural, que não se pensa na origem do calendário e seus motivos. O calendário, segundo o qual o ano se inicia no dia 1º de janeiro, é o mais conhecido e difundido no mundo e lembra o nascimento de Jesus. Mas esse não é o único calendário em vigor. Além desse, chamado de calendário gregoriano (por ter sido fixado na forma atual pelo Papa Gregório em 1582), há muitos outros. Diversos deles são relativamente conhecidos e anunciados pela imprensa, como o ano-novo chinês, o judeu, o muçulmano. Outros são pouco conhecidos, e há ainda os que não são mais utilizados. É certo, entretanto, que quase todos os povos tinham alguma forma de organizar o seu tempo e seus ciclos, ou seja, alguma forma de calendário. Pode-se discutir o porquê de os povos terem inventado calendários e certamente muitos seriam as motivações a serem arroladas. Mas é fato que as religiões tiveram um papel decisivo na organização de boa parte dos calendários. Assim, os três calendários mais conhecidos no Ocidente têm origem religiosa: o calendário judaico, o cristão e o muçulmano. Destes, o calendário judaico é sem dúvida o mais antigo. Segundo ele, encontramo-nos no ano 5778 (em janeiro de 2018 do calendário gregoriano). É um dos calendários mais antigos ainda em uso e sua datação se fixaria num cálculo antigo sobre a criação do ser humano por Deus. Desde os tempos bíblicos, os judeus já tinham calendários. Mas a unificação e aceitação de um calendário comum aconteceram aos poucos e a forma do calendário judaico atual se fixou pelo século IV e foi aceita por todo o Judaísmo apenas pelo século XI. O calendário judaico é organizado por critérios lunissolares e por isso seu início e término não coincidem a cada ano com o calendário gregoriano. Outro calendário bastante conhecido no Ocidente é o muçulmano. Segundo esse, estamos no ano de 1439 (em janeiro de 2018 do ano gregoriano) e ele se iniciou quando o Profeta Mohammed migrou de Meca para a cidade de Medina, no ano de 622 (do calendário gregoriano). O calendário muçulmano é lunar e mais curto em 11 dias em relação ao calendário gregoriano. Nesta pequena olhada sobre os calendários mais conhecidos do Ocidente, fica claro como as religiões definiram as diversas contagens de tempo usadas em nosso mundo.

A Festa do Natal

No dia 25 de dezembro celebra-se a festa do nascimento de Jesus. Podemos então dizer que Jesus nasceu num 25 de dezembro? Não! Na verdade não temos nenhuma informação sobre a data na qual Jesus teria nascido. Nos evangelhos de Mateus e de Lucas há algumas afirmações sobre o nascimento, mas nada que denote alguma data. Além do mais, as afirmações dos evangelhos foram escritas no intuito catequético e não biográfico. Some-se a isso o fato de que os cristãos do início do Cristianismo não celebravam o nascimento de Jesus. O que se celebrava desde o início era a morte e ressurreição de Jesus (ou seja, a Festa da Páscoa cristã). Somente no século IV é que aparece a ideia de se celebrar o nascimento de Jesus. Portanto, nos três primeiros séculos do Cristianismo não havia Festa de Natal. O costume de celebrar o nascimento de Jesus no dia 25 de dezembro surgiu em Roma, entre os anos 325 e 354. Isso porque no ano 325 houve o Concílio de Niceia, no qual se discutiu a data da Páscoa, mas nada se fala de uma festa do nascimento de Jesus. Porém em um escrito do ano 354 já consta que "no oitavo dia anterior às calendas de janeiro se celebrava em Roma o nascimento do *Sol Invictus* e o aniversário do nascimento de Cristo em Belém da Judeia". Por que foi escolhido o dia 25 de dezembro? Isso se deve provavelmente à conjugação justamente dessa festa do *Sol Invictus* (sol invencível), posta no solstício de inverno (no Hemisfério Norte), isto é, quando os dias começam novamente a ser mais longos e as noites vão encurtando. Esse dia simbolizava, portanto, a vitória da luz sobre as trevas. Assim sendo, se tratava de um dia especial e esse deve ter sido o motivo pelo qual 25 de dezembro acabou sendo escolhido para celebrar o nascimento de Jesus. Boa parte do Brasil está no Hemisfério Sul, onde acontece justamente o contrário: no solstício os dias começam a encurtar frente às noites que vão aos poucos se alongando. A data de 25 de dezembro como festa do nascimento de Jesus surgiu, pois, em Roma só três séculos depois do nascimento histórico de Jesus. Sobre a data de seu nascimento histórico, nada se sabe. Mas a data de 25 de dezembro se espalhou de Roma para as outras comunidades cristãs e hoje em quase todo o Cristianismo se usa essa data para comemorar o nascimento de Jesus.

O nascimento de Jesus e o nascimento do Natal

Aparentemente poderíamos imaginar que a Festa do Natal é tão antiga quanto o nascimento de Jesus, pois afinal é isso que se celebra no Natal. Na realidade, a história não é bem assim. Nos primeiros séculos de sua existência, o Cristianismo não se preocupou com a questão de uma data do nascimento de Jesus. As datas especiais do Cristianismo primitivo giravam em torno da morte e ressurreição de Jesus. Tendo o Cristianismo se originado dentro do Judaísmo, assumiu uma festa judaica já existente para em torno dela celebrar a morte e ressurreição de Jesus, a Festa da Páscoa. Os judeus a celebravam para relembrar a libertação da escravidão do Egito. Os cristãos assumiram essa festa, ressignificando o seu conteúdo: festa da ressurreição de Jesus. Essa festa existe, pois, desde o início do Cristianismo. Quanto à festa do Natal, há duas questões interessantes a serem observadas: quando teria começado e por que se escolheu essa data. Sobre o início do costume de festejar o nascimento de Jesus, não se tem nenhuma certeza. O relato mais antigo que se tem disso em Roma é do ano 354, ou seja, mais de 300 anos depois da morte de Jesus. Mas também não se sabe se foi a comunidade de Roma que por primeiro resolveu fazer a festa do nascimento de Jesus. Os historiadores pensam que não, pois Santo Agostinho dá a entender que no Norte da África já se festejava o nascimento de Jesus antes do ano 311. Outra questão é: Por que se resolveu escolher o dia 25 de dezembro? Essa data tem um significado especial para a cidade de Roma, pois ali se fazia em 25 de dezembro a Festa do *Sol Invictus* (sol invencível). Esse culto ao sol havia crescido em Roma a partir do início do século III. No ano 274, o Imperador Aureliano havia inclusive declarado dia geral de festa o 25 de dezembro, como o *dies natalis* (dia do nascimento) do *Sol Invictus*. A escolha do mesmo dia para a festa do nascimento de Jesus, para alguns, está ligada diretamente com essa festa da religião romana, e quando o Cristianismo se torna importante no império, teria substituído a festa pagã por um conteúdo cristão. Há outros que argumentam que a tomada do dia 25 de dezembro viria da identificação de Jesus Cristo com o sol ("Eu sou a luz do mundo") e este teria sido o motivo da escolha da data. Independentemente do motivo parece claro que há uma ligação da escolha da data com o culto ao sol.

O Ano-Novo

No dia primeiro de janeiro se inicia sempre a contagem de um novo ano. Se a festa do Natal nos é claramente religiosa, o início de um novo ano nos parece uma questão não religiosa. Seria o início de um novo ano uma "festa civil"? Ledo engano. A formação dos calendários é uma história fascinante e a maioria deles está ligada a questões religiosas. Os calendários mais conhecidos e usados no mundo são o muçulmano (que está no ano 1439), o calendário chinês (que está no ano 4716) e o calendário judaico (que está no ano de 5778; todas datas referentes a maio de 2018 do calendário gregoriano). Nenhum desses calendários inicia um novo ano em 1º de janeiro, mesmo porque tem outra contagem de meses. A história desse calendário que inicia o novo ano sempre em 1º de janeiro é muito longa e não se formou de uma única vez. Mesmo que seja chamado de ano civil, esse calendário foi fixado pela Igreja, mais precisamente pelo Papa Gregório XIII, a 24 de fevereiro de 1582 e por isso é chamado de calendário gregoriano. O que esse papa fez foi dar uma versão final a um longo desenvolvimento de contagem do tempo na Europa. Mas nem toda a Europa aceitou de pronto essa versão do calendário. Ela foi se impondo aos poucos e hoje é praticamente um calendário universal, usado inclusive pela ONU, organismo que reúne boa parte dos países. A fixação do início do ano em 1º de janeiro tem uma história e a contagem do número do ano, outra. A fixação em 1º de janeiro para o início de um novo ano começa provavelmente com uma questão política: no ano 153 antes da contagem comum, os romanos fixaram em 1º de janeiro o início do mandato dos magistrados (embora o calendário romano iniciasse em 1º de março). Essa mudança fez o 1º de janeiro se tornar importante e aos poucos os romanos passaram a considerar esse dia também como início de ano. Essa fixação ganha impulso importante com o crescimento do Cristianismo, que fixara a festa do nascimento de Jesus em 25 de dezembro. Mas como para os judeus havia o costume da circuncisão no 8º dia de nascimento e este era ao mesmo tempo uma espécie de identidade do nascido, o 1º de janeiro – por ser o 8º dia após 25 de dezembro – ganha sob influência cristã aos poucos o *status* definitivo de início do ano no mundo cristão. A contagem do número do ano foi sendo introduzida aos poucos e se atribui essa façanha ao monge Dionísio o Pequeno. Como matemático, colocou-se a calcular o ano do nascimento de Jesus e chegou ao número de 525 (na época que fez o cálculo). A partir dali se começou o costume dessa contagem, que atualmente é assumida por quase todo o mundo. Sabe-se hoje que o monge errou suas contas e Jesus teria nascido de 4 a 6 anos antes do que se pensa, isto é: c. 4-6 antes da contagem comum.

A Páscoa

Os cristãos celebram a Páscoa como uma de suas principais datas. A celebração dessa festa é um exemplo muito interessante de como o mundo religioso é dinâmico e fascinante. Em diversos elementos dessa festa se pode perceber como as tradições culturais na história foram se encontrando e se influenciando mutuamente. Para os cristãos, essa festa tem a função de a cada ano recordar e celebrar a ressurreição de Jesus, após sua paixão e morte na cruz. Este é o motivo central da festa cristã: a ressurreição. Mas os cristãos herdaram essa festa do Judaísmo, segundo o qual a Páscoa celebra a libertação do Egito. O povo vivia como escravo no Egito e Deus o libertara milagrosamente. Foi Moisés quem, segundo o texto bíblico, liderou esse processo da saída do Egito. Este é, pois, o motivo central da festa judaica: a libertação da escravidão no Egito. A data da festa no Judaísmo coincidia mais ou menos com o início da primavera, e isso pode levar a questionar se não teria tido essa festa uma origem ligada ao renascer ou libertar da vida. Esse aspecto está presente tanto no Judaísmo quanto no Cristianismo. Isso fica mais claro quando observamos outros elementos ou símbolos que se agregaram a essa festa ao longo dos séculos. Hoje, temos o coelho e os ovos de Páscoa. Como começaram esses dois elementos, aparentemente estranhos, a fazer parte da festa? São justamente dois elementos ligados ao renascimento da vida na primavera: as aves que fazem seus ninhos e colocam seus ovos nesse período e os coelhos que saem das tocas após o período de inverno. Como o Brasil fica no Hemisfério Sul do planeta e não temos aqui as estações do ano tão fortemente demarcadas como em outras partes do mundo, os ovos e o coelho da Páscoa parecem fora de contexto. Mas para a Europa – onde esses símbolos foram incorporados à Festa da Páscoa – eles fazem todo o sentido. Assim, é provável que a Festa da Páscoa tenha sua origem muito longínqua, como festa da primavera. E por que a Festa da Páscoa cai todo ano em data diferente? Novamente um sinal da dinamicidade do mundo religioso: os cristãos herdaram essa festa dos judeus que têm um calendário baseado no ciclo da lua (e não do sol, como o nosso calendário). Assim sendo, se faz necessário calcular a cada ano o dia da Páscoa no calendário solar. Simplificadamente, esse cálculo é feito assim: a data da Páscoa é posta no primeiro domingo depois da primeira lua cheia, depois de 21 de março.

O nascimento da festa cristã da Páscoa

A Festa da Páscoa está envolta em toda uma série de eventos e rituais. Em termos mais amplos, dentro do calendário cristão a Festa da Páscoa se encontra ao final do chamado Tempo da Quaresma e início do Tempo Pascal, e, em termos menores, a festa é o ápice dos rituais do Tríduo Pascal (além de ser também o encerramento da chamada Semana Santa). Todas essas celebrações e seus ciclos: Quaresma, Semana Santa, Tríduo Pascal, Páscoa e Tempo Pascal – que se celebram na atualidade de forma unificada –, têm, entretanto, origens em tempos diversos e surgiram não de uma vez, mas ao longo da história cristã. O fato de hoje serem celebradas como um conjunto harmônico e concatenado cria a impressão de que sempre foram assim. O que não é o caso. Dessas celebrações, a festa mais antiga – no Cristianismo – é a da Páscoa, herdada do Judaísmo e ressignificada. Enquanto os judeus celebravam na Páscoa a libertação do povo da escravidão do Egito, os cristãos colocaram a celebração da ressurreição de Jesus no centro da festa. Não se sabe exatamente a partir de quando nem onde os cristãos iniciaram a Festa da Páscoa com o sentido de festa da ressurreição. As passagens do Novo Testamento sobre a Páscoa são ainda de conteúdo judaico, mesmo que se comece ali já alguma ressignificação, quando se afirma que Jesus é o novo cordeiro imolado. Isso porque a imolação de cordeiros era um dos rituais centrais da Festa da Páscoa judaica. As notícias mais antigas da celebração dessa festa com novo conteúdo – ou seja, como festa da ressurreição de Jesus – são já do século II da era cristã (depois do ano 100). Além da importância para os cristãos da questão religiosa da ressurreição, é possível que a chamada Guerra Judaica e o massacre dos romanos contra os judeus tenham exercido alguma influência nessa ressignificação cristã da Festa da Páscoa. Isso porque os cristãos – para não serem perseguidos pelos romanos – irão se afastar de costumes judaicos. Assim a festa cristã da Páscoa passa a ter um novo núcleo religioso do qual surgirão os outros ciclos de rituais e celebrações pascais.

Indicações bibliográficas

Para quem desejar se aprofundar nas temáticas do mundo religioso

BARROS, M. (org.). *O candomblé bem explicado*. Rio de Janeiro: Pallas, 2009.

BERKENBROCK, V.J. *A experiência dos orixás*. Petrópolis: Vozes, 1999.

BRUNNER-TRAUT, E. (org.). *Os fundadores das grandes religiões*. Petrópolis: Vozes, 2000.

CHENG, A. *História do pensamento chinês*. Petrópolis: Vozes, 2008.

CLARK, M. *Islã para leigos*. Rio de Janeiro: Alta Book, 2018.

CONFÚCIO. *Conversações de Confúcio*. Lisboa: Estampa, 1991.

DELUMEAU, J. (org.). *As grandes religiões do mundo*. Lisboa: Presença, 1997.

DUARTE, R. (org.). *Bhagavad Gita*. Rio de Janeiro: Companhia das Letras, 1998.

ELIADE, M. *História das crenças e ideias religiosas*. Vol. I. Rio de Janeiro: Zahar, 2010.

_____. *O sagrado e o profano*. São Paulo: Martins Fontes, 1992.

FLOOD, G. *Uma introdução ao Hinduísmo*. Juiz de Fora: Editora UFJF, 2014.

GIRA, D. *Budismo*. Petrópolis: Vozes, 1992.

HEERDT, M.L.; BESEN, J.A. & COPPI, P. *O universo religioso.* São Paulo: Mundo e Missão, 2005.

HELLERN, V.; NOTAKER, H. & GAARDNER, J. *O livro das religiões.* Rio de Janeiro: Companhia das Letras, 2000.

HOCK, K. *Introdução à ciência da religião.* São Paulo: Loyola, 2010.

KONIG, F. & WALDENFELS, H. (orgs.). *Léxico das religiões.* Petrópolis: Vozes, 1998.

KÜNG, H. *Religiões do mundo.* Campinas: Verus, 2004.

LANDAW, J. & BODIAN, S. *Budismo para leigos.* Rio de Janeiro: Alta Books, 2013.

LAO TSE. *Tao Te King.* São Paulo: Paulus 2001.

OTTO, R. *O sagrado.* Petrópolis: Vozes, 2011.

PEREIRA, J.B.B. (org.). *Religiosidade no Brasil.* São Paulo: Edusp, 2012.

POUPARD, P. *Diccionario de las Religiones.* Barcelona: Herder, 1997.

PROTHERO, S. *As grandes religiões do mundo.* Rio de Janeiro: Elsevier, 2010.

RIES, J. *O sagrado na história religiosa da humanidade.* Petrópolis: Vozes, 2017.

SANTOS, J.E. *Os nagô e a morte.* Petrópolis: Vozes, 2012.

SCHERER, B. (org.). *As grandes religiões.* Petrópolis: Vozes, 2005.

SILVA, V.G. *Candomblé e Umbanda.* São Paulo: Selo Negro, 2005.

WALLACE, B.A. *Budismo tibetano.* Petrópolis: Vozes, 2016.

WILGES, I. *Cultura religiosa.* Petrópolis: Vozes, 2010.

As Orações da Humanidade
Das tradições religiosas do mundo inteiro

Faustino Teixeira e *Volney J. Berkenbrock*

Nesse livro de orações a atenção voltar-se-á para as preces que compõem o repertório de singulares tradições religiosas. Mais do que falar das orações, buscou-se deixar falar as orações mesmas e, com elas, a busca e invocação de Deus, do Mistério ou do Fundo de Si, do Buscado e Ansiado. Cada uma das tradições é portadora de uma alteridade irredutível e que veicula dimensões e facetas únicas e inusitadas do mistério do Deus sempre maior.

Através das inúmeras orações apresentadas ao longo do livro, o leitor poderá perceber os traços visíveis de uma hospitalidade larga, que convoca a uma ecumenicidade ampla e verdadeira, animada por intensa profundidade espiritual. Trata-se, acima de tudo, de um convite à abertura inter-religiosa mediante o caminho da espiritualidade, que toca o nível mais profundo do diálogo, já que possibilita o "enriquecimento recíproco e cooperação fecunda, na promoção e preservação dos valores e dos ideais espirituais mais altos do homem." As orações aqui apresentadas são pontes que facilitam a abertura ao mistério domiciliado no humano, que é simultaneamente transcendente e imanente. A diversidade da experiência não impossibilita a familiaridade de uma busca que é comum e que vem expressa numa oração que não se detém diante das diferenças.

Faustino Teixeira é professor do Programa de Pós-Graduação em Ciência da Religião da Universidade Federal de Juiz de Fora (MG), pesquisador do CNPq e consultor do ISER Assessoria (RJ). Dentre suas linhas de pesquisa destacam-se: Teologia das Religiões, Diálogo Inter-religioso e Mística Comparada das Religiões. É autor de vários livros entre os quais: Ecumenismo e diálogo inter-religioso, Aparecida: Santuário, 2008; Teologia e pluralismo religioso. São Bernardo do Campo: Nhanduti, 2012; Buscadores de diálogo. São Paulo: Paulinas, 2012; Na fonte do Amado – Malhas da mística cristã. São Paulo: Fonte Editorial, 2017; Religiões em movimento. Petrópolis: Vozes, 2013 (com Renata Menezes – orgs.); Em que creio eu. São Paulo: Terceira Via/Fonte Editorial, 2017 (com Carlos Rodrigues Brandão – orgs.).

Volney J. Berkenbrock é doutor em Teologia pela Rheinische Friedrich-Wilhelms--Universität, Bonn, Alemanha. É pesquisador das religiões afro-brasileiras, com enfoque especial na experiência religiosa do Candomblé. Professor do Departamento de Ciência da Religião da Universidade Federal de Juiz de Fora (MG), pesquisador do Programa de Pós-Graduação do mesmo departamento e membro do Instituto Teológico Franciscano de Petrópolis (RJ). Linhas de pesquisa de destaque: Religiões afro-brasileiras (com ênfase para o Candomblé); Religiões e Diálogo; História das Religiões. Autor de diversos livros, capítulos de livros e artigos na área de Teologia e Ciência da Religião.

CULTURAL

Administração
Antropologia
Biografias
Comunicação
Dinâmicas e Jogos
Ecologia e Meio Ambiente
Educação e Pedagogia
Filosofia
História
Letras e Literatura
Obras de referência
Política
Psicologia
Saúde e Nutrição
Serviço Social e Trabalho
Sociologia

CATEQUÉTICO PASTORAL

Catequese
Geral
Crisma
Primeira Eucaristia

Pastoral
Geral
Sacramental
Familiar
Social
Ensino Religioso Escolar

TEOLÓGICO ESPIRITUAL

Biografias
Devocionários
Espiritualidade e Mística
Espiritualidade Mariana
Franciscanismo
Autoconhecimento
Liturgia
Obras de referência
Sagrada Escritura e Livros Apócrifos

Teologia
Bíblica
Histórica
Prática
Sistemática

VOZES NOBILIS

Uma linha editorial especial, com importantes autores, alto valor agregado e qualidade superior.

REVISTAS

Concilium
Estudos Bíblicos
Grande Sinal
REB (Revista Eclesiástica Brasileira)

VOZES DE BOLSO

Obras clássicas de Ciências Humanas em formato de bolso.

PRODUTOS SAZONAIS

Folhinha do Sagrado Coração de Jesus
Calendário de mesa do Sagrado Coração de Jesus
Agenda do Sagrado Coração de Jesus
Almanaque Santo Antônio
Agendinha
Diário Vozes
Meditações para o dia a dia
Encontro diário com Deus
Guia Litúrgico

CADASTRE-SE
www.vozes.com.br

EDITORA VOZES LTDA.
Rua Frei Luís, 100 – Centro – Cep 25689-900 – Petrópolis, RJ
Tel.: (24) 2233-9000 – Fax: (24) 2231-4676 – E-mail: vendas@vozes.com.br

UNIDADES NO BRASIL: Belo Horizonte, MG – Brasília, DF – Campinas, SP – Cuiabá, MT
Curitiba, PR – Fortaleza, CE – Goiânia, GO – Juiz de Fora, MG
Manaus, AM – Petrópolis, RJ – Porto Alegre, RS – Recife, PE – Rio de Janeiro, RJ
Salvador, BA – São Paulo, SP